新零售时代
微品牌战略

戴维　储惜洲　著

電子工業出版社
Publishing House of Electronics Industry
北京•BEIJING

内 容 简 介

在新零售时代，微品牌将面临爆发式增长。微品牌是依托线上、线下二元市场而建立的一种新型网络品牌模式，其具备传播快、经济高效、互动成本低等特点。本书全面概括了如何打造一个有知名度的品牌、实现品牌价值、实施蓝海战略、实施红海战略及进行微创新等实战性问题。基于当前零售业急需转型升级的大背景，本书阐述了传统零售业的变革之道——在新零售时代实施微品牌战略。

本书适合零售企业经营者及高管、零售业以及相关行业工作者、经管相关专业的师生、对新零售和微品牌感兴趣的人员阅读。

图书在版编目（CIP）数据

新零售时代微品牌战略 / 戴维，储惜洲著. —北京：电子工业出版社，2018.4
ISBN 978-7-121-33639-3

Ⅰ. ①新… Ⅱ. ①戴… ②储… Ⅲ. ①零售企业－品牌战略－研究－中国 Ⅳ. ①F724.2

中国版本图书馆 CIP 数据核字(2018)第 022879 号

策划编辑：张彦红　董　雪
责任编辑：牛　勇
印　　刷：三河市华成印务有限公司
装　　订：三河市华成印务有限公司
出版发行：电子工业出版社
　　　　　北京市海淀区万寿路 173 信箱　　邮编：100036
开　　本：720×1000　1/16　印张：17.5　字数：268 千字
版　　次：2018 年 4 月第 1 版
印　　次：2018 年 4 月第 1 次印刷
定　　价：59.00 元

凡所购买电子工业出版社图书有缺损问题，请向购买书店调换。若书店售缺，请与本社发行部联系，联系及邮购电话：（010）88254888，88258888。

质量投诉请发邮件至 zlts@phei.com.cn，盗版侵权举报请发邮件至 dbqq@phei.com.cn。

本书咨询联系方式：010-51260888-819，faq@phei.com.cn。

前言

近年来，国内突然刮起一股“新零售”之风。先是阿里巴巴的第一家无人超市正式落户杭州，随后马云的“五新”概念（新零售、新金融、新制造、新技术、新能源）兴起，新零售成为“五新”的突破口。紧接着，马云首次公开亮相盒马鲜生，正式宣布盒马鲜生属于阿里巴巴。

在阿里巴巴的带领下，新零售开启了刷屏模式。尽管阿里巴巴的动作非常大，但是新零售的玩家并非仅此一家，京东、国美、苏宁、小米等众多互联网巨头都开始发展新零售。

经过十多年的发展，中国零售已经进入新的发展阶段。大家纷纷意识到电商不会阻碍实体零售的发展，实体零售也不会被电商颠覆，电商与实体零售相互结合才是未来中国零售行业的出路。无论你是否意识到，新零售时代都已到来。

在新零售时代，微品牌将面临爆发式增长。微品牌不是所谓的小品牌，而是利用互联网传播快、经济高效、互动成本低等特征，整合日渐成熟的网络营销和网络零售技术，在社交媒体以及自媒体平台上，依托线上、线下的二元市场，建立的一种新型网络品牌模式。

新零售究竟是什么？如何应对新零售？最适合新零售时代的品牌战略是什么？如何在新零售时代打造一个有知名度的品牌？如果你想要知

道答案，那就抓紧时间阅读本书吧！基于当前零售业急需转型升级的大背景，本书将阐述传统零售业的变革之道——在新零售时代实施微品牌战略。

本书特色

1. 把握全局，逻辑清晰

本书首先讲述了新零售和微品牌的概念，然后从微品牌构建讲起，再到微品牌营销推广，最后介绍微品牌衍生获得长远发展，整个过程逻辑清晰，没有丝毫跳跃感。即使是不从事企业管理、营销工作的门外汉也能看得懂，从而对新零售时代的微品牌战略有更清晰的认识。

2. 内容实用，实战性强

本书内容实用，讲解观点的同时还提出了方法，可操作性强。全面概括了怎样打造一个有知名度的品牌、怎样实现品牌价值、怎样实施微品牌战略、怎样实施蓝海战略、怎样实施红海战略、如何进行微创新等实战性问题。试图发展新零售的企业经营者不妨根据自己的需求进行实战操作。

3. 案例丰富，时效性强

本书分析了大量国内外零售巨头的商业案例，这些案例非常具有参考价值，值得零售业和相关行业的从业人员阅读。另外，这些案例多采用近两年来发生的商业案例，体现出较强的时效性。

本书内容结构

第 1~2 章：这一部分主要讲述了新零售概念的兴起、发展现状，以及这一趋势下微品牌的兴起与发展。另外，本部分讲述了阿里巴巴投资盒马生鲜发展新零售，以及柚子美衣、巴比馒头等微品牌发展案例。

第 3~5 章：这一部分主要讲述了品牌构建的相关知识。首先提出品牌的本质是产品，要想做品牌，先要做产品。然后讲述如何打造一个有知名度的品牌，包括找准产品定位、进行可视化表达等。最后围绕实现品牌价值的途径讲述了产品对消费者需求的满足与品牌价值大小的关系、提升品牌价值的四个手段、把普通货卖出高端价的方法等。

第 6~9 章：这一部分讲述了微品牌发展的初期、发展期、成熟期，以及企业在这三个阶段的发力方向，并且介绍了蓝海和红海战略，企业如何实施蓝海战略，以及如何在红海市场中谋求生存。最后讲到，无论是红海还是蓝海，企业都应当重视并坚持微创新，还介绍了微创新的具体类型以及常见问题。

第 10~12 章：这一部分主要讲述了微品牌推广方式以及营销方法的选择。在推广方式部分，比较了线上和线下两种推广方式，列举了多种线上渠道以及线下渠道，还介绍了企业做好推广方案以后的落地执行以及效果评估。在营销方法部分，讲述了最适合微品牌的社会化营销，然后分别介绍了微博营销、微信营销、微电影营销等微营销的渠道和方法。

第 13 章：这一部分主要讲述了新零售时代线下门店模式的发展。由于线上、线下获客成本的趋同，线下门店模式开始焕发第二春。在这种背景下，企业需要找到线下门店模式的创新方向，构建线下门店优势。

第 14 章：这一部分主要讲述了互联网时代下打破生产者、销售者、消费者之间线性模式的新型营销方式——三体营销。

第 15 章：这一部分提出了对微品牌的未来展望，即通过设定企业愿景，实施多品牌战略，进行品牌衍生，最终获得长远发展。

读者对象

- 零售企业经营者及高管
- 零售业以及相关行业工作者
- 经管相关专业的师生
- 对新零售以及微品牌感兴趣的人员

目录

1

迎接新零售时代

随着网购市场的主要消费场景逐渐变成移动端，电商品牌也开始在线下市场寻找自己的位置，同时传统品牌奋力闯入互联网。这一切都意味着我们已经进入了一个从“以产品为中心”到“以消费者为主导”的重要转型时期。零售行业因消费者权益的崛起而产生了巨大的变革。不论是实体零售还是新兴电商，都需要转变传统思维，在新零售时代找到适合自己的发展之路。

1.1 马云所倡导的新零售到底是什么

阿里巴巴集团创始人兼董事局主席马云于 2016 年 10 月 13 日上午在杭州云栖大会上发表了演讲。在此次演讲中，马云重点提出新零售概念，引起了社会一片热议。下面一起来看马云所倡导的新零售到底是什么。

1.1.1 新零售概念的兴起

据统计，2016 年中国商业销售总额达 34 万亿元，其中，电商占 6 万亿元，实体零售占 28 万亿元。数据显示，经过前几年的高速发展，如今电商已经进入瓶颈期，而实体零售则开始复苏。在这种大环境下，新零售概念应运而生，众多线上品牌开始向线下发展，传统品牌也逐渐融入互联网。

电商面临的问题有两个：第一，消费者不能真实感受到产品及服务，购物消费体验不佳；第二，商家只能通过线上数据获得消费者的反馈，这使得商家无法真正了解消费者，也无法与消费者建立深层的情感联系。

实体零售面临的问题有三个：第一，产品的展示受场地限制，消费者不容易获得产品信息；第二，渠道成本高，使得产品利润低；第三，销售范围有限，比如某个品牌只在北京有店铺，那么其主要消费者为居住在北京的人们。电商与传统零售各有利弊，只有两者互相取长补短，零售业才能得到良好发展，新零售概念由此而生。

由于新零售刚刚诞生不久，业内对其概念的解释尚未统一。笔者认为，新零售即线上与线下零售相结合的模式。在新零售时代，企业把电子商务和线下门店作为核心，融合线上展示与线下营销的方式，实现产品信息、用户信息和交易信息等数据的互通。随着智能购物设备的普及，门店数字化与智能化的展示将有可能成为现实。最终，迎接消费者的可能是无人商店，构建出丰富多样的体验场景。

发展新零售是未来大趋势，无论是阿里巴巴还是京东，都开始发展新零售。京东生鲜事业部自 2017 年春节就已经开始筹备线下生鲜店，与阿里巴巴的盒马鲜生展开强势竞争。另外，阿里巴巴和京东都在大力发展自营物流并逐步完善物流体系。

用户对电商的产品和用户体验的要求已经越来越高，纯电商企业越来越难以适应如今的市场需求。因此，零售业的未来一定是线上线下一体化，线上线下优势互补，也就是我们所说的新零售模式。

在美国，亚马逊也在不断创新新零售的发展模式。2016 年 12 月，亚马逊网站大胆地展示了 Amazon Go——第一家没有收银台的实体店。在这里，顾客购物只需要三个步骤，即进入超市、选择产品、离开超市。Amazon Go 通过传感器发现用户在货架上拿走的产品，并将其自动添加到顾客的虚拟购物车中，方便结算。Amazon Go 的宗旨是让顾客在实体店购物也无需排队，可以享受如同网购一样快捷的购物方式。

马云说："纯电商时代很快会结束，未来的十年、二十年将没有电子商务这一说法，只有新零售。"新零售真的可以颠覆电商，带动实体零售的发展吗？这是业内最普遍的疑问。虽然暂时还无法确定新零售对当前零售业的影响，但可以肯定的是，各大电商都在努力加强线下零售的能力，而且线下零售的重要性越来越突出。

1.1.2 新零售到底新在哪儿

图 1-1 展示的是一个便利店的收银机面板布局，日系的罗森和全家等便利店用的都是这种收银机面板布局。

图 1-1 收银机面板布局

和常见收银机有所不同，这种收银机增加了两列键，分别表示性别及年龄信息，便利店系统将其称之为客层键。一般情况下，收银员会依靠人眼识别顾客的男女年龄，然后按下这些客层键，为顾客打上标签。

这些客层信息会在分析顾客购物数据的时候成为一个重要字段，用以总结、预测未来顾客的不同需求，比如红酒对女性消费者的吸引力、不同年龄段男女购买的香烟品牌等。

而电商先天就带有这种数据优势。用户居住在哪个城市、哪个档次的小区、在什么租金水平的写字楼上班；用户是否养宠物；用户单身还是已婚；用户是否对促销敏感；用户搜索或者浏览过什么商品等。这些信息可以拼凑出一个完整的用户画像，然后帮助商家进行精准营销。

电商的这种数据优势使得淘宝把“猜你喜欢”功能做得非常好。这也难怪马云提出新零售概念，因为这样就可以把电商的优势延伸到线下，提升整个零售业的运营效率。

任何一个新概念的提出，其最终目标往往离不开提升整个产业的效率，比如滴滴出行提升了用户打车和司机寻找顾客的效率；饿了么提升了用户订餐和餐厅寻找顾客的效率。那么新零售的最终目的就是要提升整个零售行业的效率。如何提升？以数据运用为角度出发点，为有需求的人带去适合的东西。

那么，什么样的新零售才能够获得长足发展呢？

首先，加强体验服务，关联大数据。

从产品本身来说，市场上的许多产品同质化严重，商家不得不依靠降低利润来获取流量。结合线下零售，并通过服务，商家便可以提升用户体验，提高产品的附加值，从而提升竞争优势。如此一来，在新零售完整的交易过程中，优化交易过程的角色由线上销售来承担，线下销售则可以通过服务优化来提升用户体验。

对用户来说，新零售为其带来了现实中购物的真实体验。与线上销售过于夸张的文案、图片相比，真实体验是更加生动和有触感的。这是电商要和实体零售结合的原因之一。

其次，具有强品牌的产品机会更大。

具有强品牌的产品天生就适合线下销售，因为线下销售可以为用户提供不同的服务、不同的体验，体现品牌的巨大附加值。在纯电商时期，很多产品快速崛起，借助流量红利的优势在互联网上收获了一大批用户。然而，在流量红利逐渐消失以后，这些纯线上产品之间的竞争逐渐激烈，模仿者日益增多，线上流量的获取成本也越来越高。此时，这些电商强品牌已经很难再依靠线上销售取得突破性进展。

未来这些电商强品牌可以通过向线下输血，来融合线上与线下的销售，从而实现从多渠道获取流量，同时通过结合线上与线下数据的方式描绘更加精准的用户画像，也就是说，新零售将会为电商强品牌的发展带来多元化变化，帮助其实现品牌变现。

对于传统零售商家来说，其在经受了电商带来的冲击以后，会对线上销售产生更清楚的认识。随着纯电商逐渐被新零售代替，在从线上重回线下的过程中，实体零售由于拥有着长期积累的渠道优势、管理优势和口碑优势，其在新零售时代的发展值得期待。

1.2　新零售理念的三大核心

数据、技术及场景构建是新零售理念得以实施的重要因素。就新零售给用户生活带来的变化来说，用户体验、运营效率及改变用户消费场景是新零售理念的三大核心。

1.2.1　用户体验

新零售将用户体验作为第一大核心。“所见即所得”和“零时间差”是实体零售的最大壁垒。然而，没有消费者愿意将时间浪费在不必要的等候中，他们都希望用最短的时间获得想要的产品。所以，覆盖尽可能多的产品，并且以最短的空间距离和时间把它们送达消费者的手中，这是新零售需要解决的核心问题。

阿里巴巴于 2017 年 2 月 20 日在上海与百联集团宣布达成战略合作。双方将基于互联网和大数据技术，在全业态融合创新、新零售技术研发、会员系统互通、高效供应链整合、物流体系协同、支付金融互联等 6 个领域展开全方位的合作，向消费者提供一种随时随地多场景的新型消费体验。从这一合作中，我们似乎可以看到电商平台开始与超市、菜市场和街边店合作，共同开创零售市场新局面。

对消费者来说，新零售可以大幅提升用户体验。比如二维码扫码等支付方式非常便捷，收银时间得以大大缩短；很多连锁超市开始运用纯线上的会员体系和卡包体系，支持使用公众号来绑定会员，令消费者可以享受到更多的优惠折扣。

毫无疑问，基于新技术应用与供应链、物流等新型商业基础设施的新零售，将会成为未来布局最广的商业形态。

1.2.2 运营效率

运营效率是新零售的第二大核心。无论是第一次零售革命、第二次零售革命还是第三次零售革命，实际上解决的都是提升运营效率的问题。

零售业运营效率的提升主要围绕这几个层面展开：信息技术革命、数据重新组合和集成要素组合的针对性。

在新零售提升运营效率的过程中，数据发挥了非常重要的作用。在 BAT（百度、阿里巴巴、腾讯）三大互联网巨头中，阿里巴巴是最看重数据的。马云认为，数据是原料，没有数据什么都不行。众所周知，每年的“双 11”购物狂欢节是阿里巴巴的一场数据盛宴，也锤炼了阿里巴巴大数据及云计算技术的数据处理能力。在三大互联网巨头中，阿里巴巴的大数据和云计算能力可能是最强的，这就使得阿里巴巴在新零售领域的发展充满诸多可能性。这两项技术将会在建立消费者画像、精准营销、及时有效的库存管理、消费趋势研判等方面发挥作用，这正是马云如此看重数据的原因。

与过去零售业的运营链条相比，新零售将供应链前端到后端的链条颠倒过来。过去的生产链条是从研发、设计到原材料、装备、生产制造，再到品牌商、分销/批发、消费者。而新零售所有的经营都是数据化的，其基于移动互联网和大数据。消费者内心需求和生活方式的改变带来了品牌传播的不同模式，最终形成“生产—研发”这一模式。一方面，新零售离不开数据；另一方面，新零售让数据更有意义，新零售使虚拟的产品数据转化为立体的、琳琅满目的商品。

不能有效收集、观察消费者行为，导致无法精细化运营是实体零售的一大痛点，而电商可以通过数据的收集和分析进行精准营销，通过大数据预测用户的购买行为，优化营销方案。另外，一些同时开展线上、线下业务的传统零售商，没有打通线上与线下的数据，造成大量用户消费行为的数据缺失，难以建立精准的用户画像。

新零售非常重视供应链管理和营销运营，利用数据来监控市场动态和用户消费习惯，以确定供应链的运营策略。而通过对供应链的管理和控制，新零售做到了在降低成本的同时提高了效率和产品品质。

1.2.3 改变用户消费场景

销售离不开社交和娱乐。所以，新零售的作用不仅仅表现在销售上，还表现为重构用户的消费场景。想象一下五年后的消费场景：

> 我们的钱包里，装的不再是纸币、硬币和信用卡，甚至很少有人使用钱包；当我们挑好产品，送货上门的不是宅急送，而是穿越高楼大厦向我们飞来的无人机；走进商场买衣服，迎接我们的是可爱的机器人，它记得我们喜欢的风格，还会推荐最适合的礼物……

这样的未来是可以预见的。下面一起看看新零售是如何改变用户消费场景的。新零售对用户消费场景的改变主要有4方面，如图1-2所示。

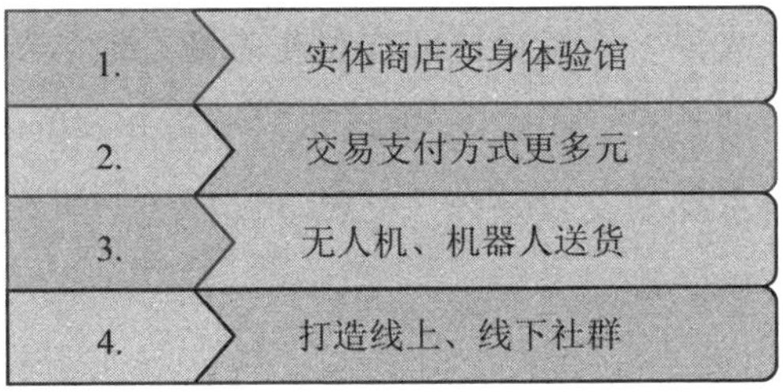

图1-2 新零售对用户消费场景的改变

1．实体商店变身体验馆

无论电商多么发达，实体商店的体验功能都无法被替代。可以说，体验是实体零售的独特优势。“未来的商店将变得更像博物馆，我们会去那里观赏、学习和娱乐。”加拿大卡尔加里大学教授汤玛士·基南（Thomas Keenan）曾这样表示。

2017 年 3 月，美国最大的居家用品商之一——劳氏公司（Lowe's），与微软公司展开合作。该项合作计划运用微软的虚拟现实（Augmented Reality）装置 HoloLens 增强劳氏公司产品的体验功能。消费者可在卖场中的厨房展间即时体验并展示设计方案，在购买前预览情境，以便买到最适合的产品。

2. 交易支付方式更多元

现在，微信支付、苹果支付、支付宝等各类支付方式，多种多样。除以上支付方式外，零售业商家还可打造自己的支付生态圈。

手机极大地改变了人类的生活，这种改变包括对支付行为的便利性要求。我们出门时可以忘了带钱包，但总不会忘记带手机。移动支付技术不仅为金融业带来剧烈变革，还改变了人们的消费方式。

对零售业商家来说，打造自己的支付生态圈，把消费者留在自己的圈子里也是一个不错的选择。例如，美国沃尔玛百货（Walmart）就在 2016 年年底推出了一个自家移动支付系统——Walmart Pay，消费者只要打开 APP 后扫描二维码就可以结账。

3. 无人机、机器人送货

新零售对物流提出了更省时间、更省人力的要求。最初，亚马逊创始人兼 CEO 杰夫·贝佐斯（Jeff Bezos），提出了无人机送货计划，一切看起来那么的不切实际。而当下，无人机送货已经见怪不怪了。

2017 年 3 月，Flirtey——一家无人机新创公司，宣布成功利用 GPS 规划路线，将包裹顺利送到收货人手中，完成了美国第一起全自主飞行任务。

此外，在线订餐平台 Foodpanda 也在新加坡着手研发无人机外送。Foodpanda 新加坡营运总监艾玛·希普（Emma Heap）表示，“陆地交通工具容易因交通堵塞延误送餐，但是无人机可以将时间缩短为半小时之内，有望带动营业额增长。”

4. 打造线上、线下社群

当下，零售业商家纷纷打造线上、线下社群，加强消费者的参与和联系。人是群居动物，而消费正是向群体展现个人认同的一种方式。基于这种消费心理，零售业商家开始建立自己的线上和线下社群。社群的建立不仅有利于推行会员制度及向消费者提供增值服务，还能增强消费者的品牌归属感。

例如瑞典家居零售商 IKEA 就通过部落格、Facebook 等社群媒体与忠实的消费者建立了持久联系。英国高档超市 Waitrose 则邀请消费者把自己的食谱上传到在其名下的烹饪网站 Waitrose Kitchen 上，让消费者在购物的同时可以与品牌产生更深层次的联系。

1.3 只接受支付宝付款的盒马鲜生

盒马鲜生一经上线就引起了业内人士的广泛关注，生鲜电商和传统商超在其身上都看到了一种希望，同时也感受到了某种压力。盒马鲜生为什么只接受支付宝付款？盒马鲜生与阿里巴巴有什么关系？下面为大家揭秘。

1.3.1 被阿里巴巴注资 1.5 亿的生鲜电商

不得不说，盒马鲜生的背景是非常强大的。首先，盒马鲜生的创始人侯毅是原京东物流总监，有着二十多年的物流管理经验。其次，盒马鲜生背后的投资人非常强大。2016 年 3 月，盒马鲜生获得阿里巴巴 1.5 亿美元投资，与天猫超市、喵鲜生、易果生鲜等组成了一个阿里巴巴生鲜业务阵容。

2017 年 7 月 14 日，天猫官方微博宣布，“让大家等了太久，@盒马鲜生今天来啦！龙虾石斑帝王蟹，活蹦乱跳、现抓现做，各种蔬菜不过夜，30 分钟送到家。上海、北京已经开出 13 家店。通过数据驱动，线上、线下店面与现代物流完全融合，是对超市重新定义的新零售产物。生活在当下，就是生活在阿拉斯加，生活在加拿大，生活在田野，生活在美好新世界！”

与此同时，阿里巴巴集团董事局主席马云和 CEO 张勇现身盒马鲜生，首次公开亮相为盒马鲜生造势。此前，对于阿里巴巴向盒马鲜生投资 1.5 亿美元一事，阿里巴巴方面从未做出公开的正面回应。而此次马云和张勇的现身则表明阿里巴巴正式承认盒马鲜生属于阿里巴巴。马云和张勇亲自现身盒马鲜生门店，体现了阿里巴巴对盒马鲜生的高度重视，也将盒马鲜生推到了媒体的聚光灯下。

阿里巴巴在新零售业的布局正迈入收割期。根据当前的运营状况，盒马鲜生开业半年以上的几家门店均已实现单店盈利。数据显示，盒马鲜生线上的转换率达到 35%。也就是说，在每 100 个浏览盒马鲜生 APP 的用户中，就有 35 人会选择下单，这几乎是传统电商转化率的 10~15 倍。

盒马鲜生总经理张国宏说道，“我们是直采模式，本身就降低了成本，并以‘超市+餐饮’联动的方式经营。一般餐厅如果要达到至少50%至70%的毛利水平，那么它们的重点可能就是晚饭的生意；但我们可以拉长经营时间，早、中、晚餐都可以做，同时还能通过线上平台销售。”

据悉，盒马鲜生的线上订单占比已经超过50%，部分门店甚至高达70%。可以说，盒马鲜生作为阿里巴巴在线下的一个重要落脚点，对阿里巴巴的新零售具有直接加速作用。无论如何，盒马鲜生的火爆足以证明新零售业态已经成为必然趋势。

1.3.2 盒马鲜生的5大核心优势

盒马鲜生既不是传统的生鲜超市，也不是单纯的生鲜电商，而是一个新零售平台。那么，与以往的生鲜商超相比，盒马鲜生有哪些核心优势？下面总结了盒马鲜生的5大核心优势，如图1-3所示。

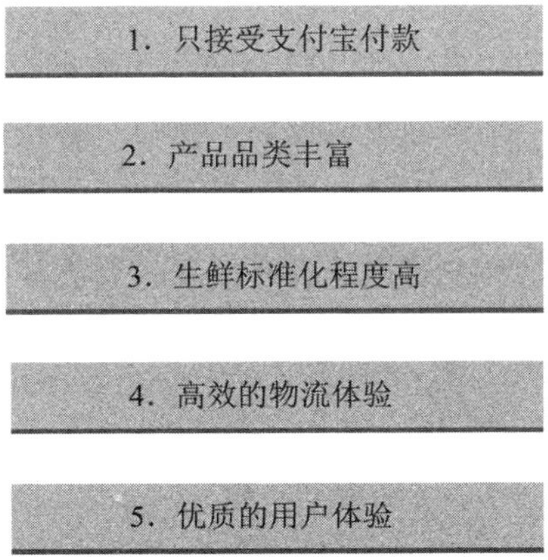

图1-3 盒马鲜生的5大核心优势

1. 只接受支付宝付款

盒马鲜生只接受支付宝付款，不接受现金等其他任何方式的付款，这一点与其他超市不同。消费者在店中消费时，服务员会先指导消费者安装“盒马鲜生”APP 并注册成为会员，最后消费者再通过支付宝完成付款。

支付宝统一付款为盒马鲜生创造了两方面价值。一方面，盒马鲜生可以利用支付宝掌握线下的消费数据。在过去，消费者都使用现金购买，这导致零售商难以掌握线下的消费数据和消费动向。而支付宝付款则可以形成大数据、广告和营销价值，填补巨大的运营成本。

另一方面，会员购物的方式不仅增强了消费过程的流畅性，还增加了用户黏性，有利于打造出一个新零售的营销闭环。而传统的生鲜电商线下体验店则不具有这种优势。

2. 产品品类丰富

盒马鲜生的单家门店占地 4500 平方米，售卖的产品包括肉类、水产、水果蔬菜、南北干货、米面油粮、烘培、熟食、烧烤以及日式料理等。产品品类分区明确，指引清晰，顾客挑选起来非常方便。此外，为与精品超市的定位向匹配，盒马鲜生店内还设有鲜花、百货等商品区域，以最大程度满足人们的生活需求。

3. 生鲜标准化程度高

对生鲜 O2O 来说，做到标准化分类、独立包装是非常不容易的。很多传统的线下商超为了配合线上平台的销售特点，逐步完善生鲜商品的标准化，但盒马鲜生在诞生之初就做到了独立包装、明码标价。

如果去过盒马鲜生的门店消费，就会发现除以“个”为单位售卖的生蚝、以“条”为单位售卖的活鱼外，几乎所有产品都是独立包装、明码标价的。蔬菜、肉类、水果等，它们都在独立包装上标明了重量和价格。

4. 高效的物流体验

高效的物流体验需要分拣、包装、配送等环节的密切配合。盒马鲜生在这方面是怎么做的呢？

首先，配送标准化。盒马鲜生包装货物时使用统一的保温、保湿袋，以此保证在户外配送时，生鲜产品不会因为天气的变化而产生质量问题。另外，盒马鲜生店内还拥有一套自动化运货设备。店里设置了一个300多平方米的合流区，由物流带传送从前端体验店到后库的装箱。因此你会看到，店里消费者的头顶上全是飞来飞去的快递包裹，而下面则是各种各样的食品，令人感到十分新颖。

盒马鲜生具体的拣货流程是这样的：如果消费者到店消费，那么选好的货物就可直接通过物流输送带传送到收银台；如果是通过盒马鲜生APP下单，那么在门店收到订单后，各个商品品类部门就会直接把标准化、独立包装的货物从货架上取下来，装进保温袋，通过运输系统自动运给配送人员，整个过程不到一分钟。店员从库房提取商品补充至货架的工作几乎一分钟左右就能完成。

其次，配送效率高。不管消费者是到店购买，还是通过APP下单购买，盒马鲜生都能保证“三公里范围，半小时送达”。高效率的配送不仅保证了生鲜产品的新鲜度，还满足了用户的即时性消费需求。盒马鲜生采用的是自建物流，这一点是其高效率配送的重要保障。

另外，盒马鲜生充分打通了线上与线下的数据，让消费者既能单独在线上或线下消费，又能在线上、线下智能拼单。例如说在下单后，突然发现自己忘了买一样东西，这时可以立刻打开盒马鲜生 APP 进行加单，系统会自动把两个单拼接在一起，然后一起配送。

5. 优质的用户体验

盒马鲜生做的是真正的线下体验店，用户除能在店内看到货真价实的商品外，还可直接在店内就餐、享受美食。

首先，盒马鲜生为消费者提供了舒适的购物环境。店铺设计比较现代化，地面铺设了大理石，商品以黑色货架、大玻璃展柜呈现，十分透亮和大气。而且店内十分干净。

其次，盒马鲜生将“餐厅”的概念纳入超市卖场。把餐厅体验业态纳入实体店是新零售与传统商超的重要区别，这不仅打开了店内生鲜产品的更多销售方式，还为消费者创造了消费机会。据了解，盒马鲜生的海鲜、牛排以及熟食餐厅区占地约 200 平方米，深受消费者欢迎。此外，为了给消费者创造良好的购物体验，消费者在店内选购完生鲜食材后，可以使用门店提供的厨房进行现场制作。

2

“小而美”的微品牌

微品牌不是单纯意义上微小的品牌，而是那些品质优良、设计独特，已经被小众市场认可，但尚未进入大众市场的品牌。微品牌的核心特征是小而美，其在新零售时代将面临爆发式增长。

2.1 “小而美”是品牌发展新趋势

随着用户的个性化需求越来越明显，群体不再迷恋大而全的审美标准，于是有了各种各样的小众群体。小众群体的碎片化、个性化需求催生了越来越多小而美的企业和品牌。

2.1.1 长尾理论

一家大型网络书店一般都有 10 万种左右的图书，如果你是店主，你会选择排行榜的前10万种图书来销售吗？据亚马逊网站的统计数据表明，排名十万种以后的书籍占据了网络书店图书销售额的四分之一。

而这些冷门书的销售比例仍在不断增长，预计可能占据未来整个图书市场的一半。这带给我们一个启示：消费者在面对越来越多的选择时，真正想要的产品和获得渠道都开始发生变化，一套崭新的商业模式将随之而来。简而言之，众多冷门产品的汇集涵盖了更多消费者的需求。一旦更多人开始满足自己的这种需求，冷门产品将不再冷门。

在上述案例中，蕴含着一个理论，也就是长尾理论。长尾理论（参见图 2-1），是指商业和文化的未来不在于少数创造高价值的主体，而在于创造价值不高的大多数长尾。长尾理论由美国《连线》杂志前主编克里斯 · 安德森（Anderson Chris）提出，并随着网络时代的兴起而逐渐被人们熟知。

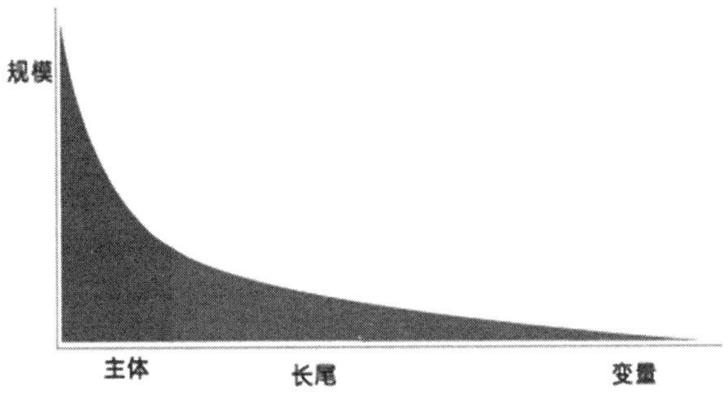

图 2-1 长尾理论模型

企业在销售产品时，普遍投放大量时间和精力关注少数 VIP 用户，而忽略大多数普通消费者。在网络时代，关注消费者的成本大大降低，因此企业可以用很低的成本来关注“长尾”部分，而“长尾”带来的总体效益很可能会超过“头部”。

在互联网领域，谷歌就是利用长尾理论进行用户定位而大获成功的。谷歌是成功应用长尾理论的典型代表。为谷歌创造巨大效益的 AdSense，它的目标用户是数以万计的中小型网站和个人用户。一般来说，普通的媒体和广告商根本就看不上这个群体为他们带来的利益，认为他们微小得不值一提。

谷歌预见这个群体蕴藏着巨大利益，专门为他们提供个性化订制的广告服务。这些微小却数量众多的个体汇集起来，居然为谷歌带来了十分可观的经济利益。截至笔者交稿，谷歌的市值已超过千亿美元，成为人们心中“最有价值的媒体公司”，那些传统的媒体广告商望尘莫及。

许多市场由于长尾理论的提出而呈现新的契机，微品牌的发展就是长尾理论的一种体现。同时，互联网为微品牌的发展提供了有利条件。互联网可以对需求量小的产品进行更加精细的划分，使得产品渠道越来越丰富。消费者通过这种“无物不销，无时不售”的模式可以拥有无限制的多样性选择。相对于传统营销模式中的有限选择，以长尾理论为基础的新零售销售模式更侧重消费者需求，更注重消费者体验。

长尾理论给大家的启发是：当微品牌不断发展，每一个人都可以成为零售商时，无限细分的市场将会逐渐侵蚀主流市场，而且没有人能够阻拦。

举例来说，20 年前的牙膏种类并没有什么细分，不考虑年龄和功效、更不会考虑消费者的牙齿状况；普通家庭的人们所穿的衣服也都大同小异，没有所谓的私人订制。然而，现在各种各样的牙膏、私人订制且价格亲民的服饰已经非常普遍。这便是长尾理论的重要体现。将大而全的主流市场细分成小而美的、适合某一群体甚至某个个体的利基市场（小众市场），有助于细分市场逐渐侵蚀主流市场，让利润一点点从主流市场流向细分市场。

无限分割的细分市场有着巨大的利润空间，倾向于私人订制和用户服务的微品牌势必会在日后崛起。新零售时代微品牌的突围思路如图 2-2 所示。

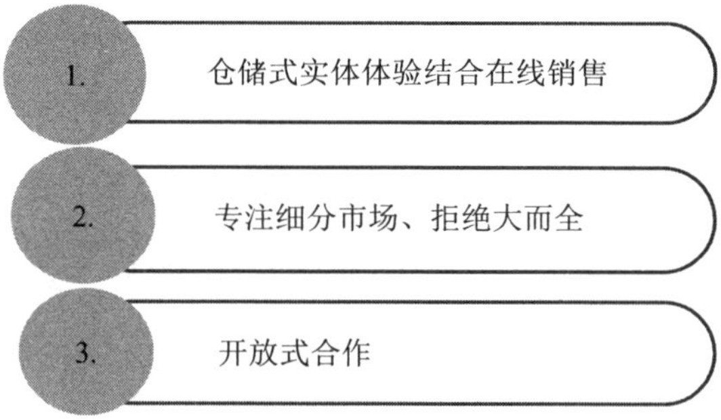

图 2-2　新零售时代微品牌的突围思路

1. 仓储式实体体验结合在线销售

德国著名零售商麦德龙采用的仓储式经营模式对我们具有极大的参考意义。微品牌在发展过程中应当参考仓储式经营模式，大幅削减店面装潢和维护成本，同时采用在线会员制以锁定顾客，打造实体体验结合在线销售的新营销模式。

2. 专注细分市场、拒绝大而全

微品牌应当本着将品牌做专、做精的原则，专注某个细分市场，形成特色的零售文化。另一方面，需要运用价格歧视的方法，抓住消费者的不同需求，对利基市场进行再分割，切忌盲目追求大而全。弱势项目必须主动舍弃，放弃沉没成本。

3. 开放式合作

微品牌可以与制造业、快递业和服务业进行合作，建立起一套以具体用户为核心的服务体系，增加产品本身的边际利润，降低产品的边际成本。体验式消费是应对低级价格战的最好方式。

在做好以上几点的过程中，微品牌还要明确自己的市场定位，研究其他竞争者的同质化产品从而细分自己的产品。在长尾理论的支持下，产品品类越是细分，利润空间就会越广阔。只有这样，品牌才能摆脱互联网时代电商杀价、迭代的恶性竞争循环。

2.1.2 “小而美”品牌机会巨大

企业需要有做成大品牌的理想，但事实上市场给大品牌留下的机会和空间逐渐变小。与此同时，小而美的品牌受到了人们的热议和追捧。

“小而美”具体是什么意思呢？“小”包括两层意思。第一层意思是项目小，容易启动，只需要较小的人力、物力。比如一支由四五个人的团队就能做出一个像样的 APP。团队间进行分工合作，有一个人项目经理、有一个人做系统、有一个人做用户界面、有一个人做测试工程师。第二层意思是指市场小或者说目标市场的精准细分。不管是在线上市场还是在线下市场，它们都是相通的，因为只有小才足够灵活。

“美”指的是从用户的角度出发研究设计产品，致力于为用户提供极致的用户体验，包括打造优秀产品、进行个性化营销、提供个性化服务等环节，力求摆脱粗糙，追求产品的细致美。这可以被视为人性化的商业模式向规模化、标准化、工业化的商业风格发起的挑战。

在新零售时代，小而美的品牌具有较大的发展空间。以前受到了时间和空间的限制，企业致力于“大而全”。按照可口可乐的研究，若要覆盖整个美国，那么每 300 个人就需要设立一个可口可乐销售点。若在中国，则更是一个天文数字，达到将近 400 万个销售点。每个销售点都因为形态属性的不同而有着不同的辐射半径，由此产生连锁企业。肯德基、麦当劳、沙县小吃……各种连锁品牌数不胜数。

然而，互联网时代来临，终端“变大”失去了意义。即便没有更多的终端，企业也可以通过互联网把产品卖给更多消费者。在网络上，产品只需通过一个网页就能向全世界的用户展示，规模化逐渐丧失了意义。新兴企业若是选择一些新的渠道模式，理论上而言可以获得和巨头企业相等的品牌传播形象的，并且拥有进行各类销售活动的机会，因为网络企业都是平等的。既然如此，企业又为何一定要做一只大象呢？

小米就是一个小而美的品牌。雷军曾说，小米是一个 5000 人的公司，有 3500 人做服务，1500 人做研发。没有生产，没有渠道。小米正是因为“小”，才能聚集专注力，才能充分发挥优势。

不得不承认，专注做一件事，成功的可能性更大，不管是设计还是产品制造。因此，奇迹会更容易出现在小而美的品牌中，如同爬树一样，猴子必定比大象更具优势。

雷军的七字决“专注、极致、口碑、快”精准总结了小而美品牌生存和发展的真谛。因为专注做一件事，所以会用更严格的标准要求自己，从而做到极致。小而美中的“小”，是简单、舍得，是轻装上阵。在这个追求速度的时代，符合当下需求与潮流的品牌，当属小而美品牌。企业若想建立起一个强大的品牌，就必须在品牌变得强大以前，专注于小而美的过程。

亚洲涂料（印度）是小而美的品牌之一。小而美的经营理念让该公司发展成为了细分市场里的龙头企业。该公司副董事长丹尼（Danny）在回答“什么是公司竞争力”和“什么样的竞争力才会经久不衰”这两个问题时，只强调了“创新”两个字。加大研发投入和倡导企业创业精神是该公司鼓励创新的两种方式。

丹尼说：“我们试图建立一个充满创业精神的组织，让创业的精神扎根于企业。为此，我们给员工挑战，给他们自由以决定自己到底能干什么，让他们了解企业的价值观和文化。然后告诉他们放手去干，在自己领域内不断创新。”

市场变化是非常迅速的，机会转瞬即逝。但大公司因为有着扩大市场覆盖面的能力，所以对于大公司来说，抢夺机会市场更为容易。但小而美的品牌必须找到自己的机会市场，尽管这做起来非常困难。

M3Com 公司注册在百慕大。公司主要业务是为用户提供太平洋两岸之间的点对点出租服务。该公司以“有所不为”的经营准则得以专注。M3Com 的定位方式是排除法，即给部分用户整套电信服务提供。其服务对象对于大运营商来说那些不具有强吸引力，他们大多从事金融业、制造业和航运行业。

M3Com 通过调查发现，中国的制造公司、金融公司和航运公司多达十万家。考虑到机会市场，潜在用户数量是非常庞大的。如果用户期望交付时间是在 40 至 60 天以内，那么 M3Com 就只需 10 天便能做到。在取信用户方面，M3Com 发挥出了小而美品牌的明显优势——速度。

2.2 微品牌概念的兴起

市场环境正在发生翻天覆地的变化，互联网的加速发展，新媒体、社交商务、移动商务等新概念的出现给企业带来了历史性新机遇。一些传统品牌因为不能适应快速变化的市场开始走下坡路。经常在唯品会购物的用户应该都知道，一些大品牌的打折力度非常大，用两三折甚至更低的价格就能买下来。而另一方面，以 ZARA、H&M 等为代表的快时尚微品牌却发展迅速。

2.2.1 什么是微品牌

微品牌概念正在兴起。首先了解一下什么是微品牌。微品牌不是所谓的小品牌，而是根据互联网传播速度快、经济高效和互动成本低等特征来整合日渐成熟的网络营销、零售技术，以及在社交媒体和自媒体平台上依托线上、线下的二元市场建立的一种新型网络品牌模式。

各类电商平台造就了很多成功的微品牌，这些微品牌利用互联网将那些热衷潮流的活跃分子聚集起来，实现互动建议、互动设计、互动生产和互动销售的模式。七格格就是一个成功的电商微品牌，两年内销售过亿元，2016 年年销售额高达 17 亿元。

微品牌具有 3 大特征，内容如图 2-3 所示。

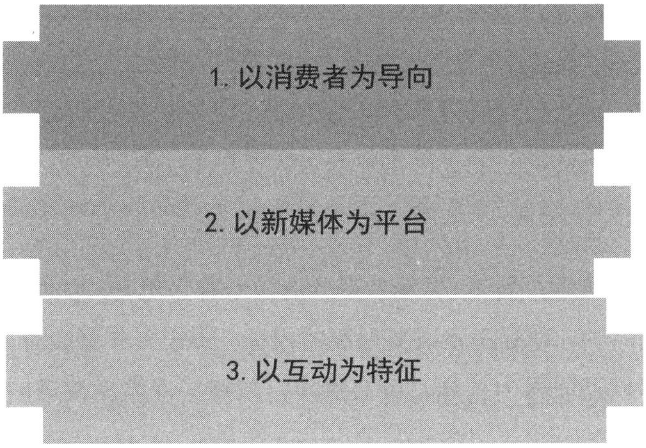

图 2-3 微品牌的 3 大特征

1. 以消费者为导向

如果说传统品牌是属于老板的品牌，是通过广告营销造就的品牌，那么微品牌就是真正属于消费者的品牌。微品牌基本上没有广告营销，人们最看重数据营销和口碑营销。畅销书作家娜奥米•克莱恩（Naomi Klein）

在《NO LOGO：颠覆品牌全球统治》中指出，“未来的品牌规则绝对不是一句鲜亮的广告口号、一支好的 TVC 广告、一个大投放的媒介计划可以解决的，消费者会用鼠标为你投票，与消费者交心将成为最重要的事情。”

2．以新媒体为平台

微品牌的品牌运营是以新媒体为平台的，包括 Facebook、Twitter、微博、微信等社交媒体。Facebook 的一份研究新媒体与企业品牌建设之间关系的报告显示：76%的企业营销人员认为新媒体对品牌建设非常重要；72%的营销人员认为新媒体对培养用户忠诚度也很重要；其中还有 59%的营销人员认为将来拒绝新媒体的公司难以存活。

3．以互动为特征

微品牌的运营核心就是聚集粉丝、发动粉丝，借助粉丝的力量来实现互动建议、设计、生产和销售。而这就决定了微品牌是以互动为特征的。

微品牌可以是大品牌，但绝大部分的微品牌仍然是“小而美”的品牌。相比于传统品牌，微品牌不需要巨额的投资，不需要将资金投入大量的广告。微品牌以互联网为基础，容易操作，最终实现循序渐进的品牌扩张。

过去的十年，是电商发展的十年。但如果电商的低价竞争模式形成恶性循环，不断控制成本，那么最终损害的将是消费者的利益及整个电商行业的发展。今后的十年，将是微品牌的十年。微品牌所具有的产品溢价，令其可以有效规避大型电商的侵蚀与同质化的恶性竞争。微品牌时代已经来临，你做好准备了吗？

2.2.2　微品牌 4 大优势

微品牌的 4 大优势，如图 2-4 所示。

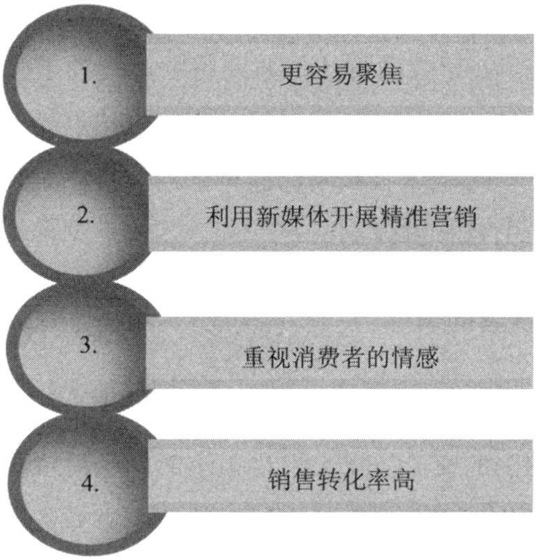

图 2-4　微品牌的 4 大优势

1．更容易聚焦

企业的精力是有限的，要想打造一个成功的品牌，企业需要在某一类或某一个产品上聚集所有精力。微品牌就做到了这一点。

2．利用新媒体开展精准营销

提前有针对性地选择新媒体是微品牌营销的第一步。微品牌首先要分析目标消费群体的共同特征，根据分析结果有针对性地选择合适的社交媒体，在这些社交媒体上建立账号或页面，聚合目标消费群体。

钱币收藏是一个典型的小众市场，公众对钱币价值的认知度非常低，购买或收藏钱币的人群更不会主动曝光。因而，钱币收藏便是一个隐藏极深的市场。但即使是这样的小众市场也依然有巨大的发展空间。因为钱币收藏者凭借着对钱币的热爱往往会持续购买。一个做钱币收藏的微品牌经过调查分析发现，钱币收藏群体的共同特征是均处于社会上层、年龄在35岁以上，而且比较关注凤凰网等财经类新闻资讯网站。于是，该微品牌就在凤凰网上建立一个钱币收藏类的微博账号，并在相关财经论坛上申请专门版块，将分散的目标群体聚集在一起。

3．重视消费者的情感

个性与感性的交融是微品牌的特性，这意味着消费者不仅关注产品本身，更关注情感上的交流。在个性化需求时代，消费者越来越重视自己的体验感受，因此分享体验成为社交化媒体营销方式的要素之一。微品牌与消费者进行深度的情感交流和心理互动，将品牌的信赖度和美誉度留在消费者的潜意识中。

美国黑黛是一个专为脱发人增发的微品牌。他们通过高科技的应用帮助众多饱受脱发困扰的人群摆脱了困扰。中国人虽然已对药物治疗和开刀治疗这两种治理脱发的方式有了一定认知，但对物理增发的概念还不甚了解。为此，美国黑黛专门开通了新浪微博，在微博上通过真实故事来普及物理增发的概念，通过在微博上答疑解惑和组织微博用户开展知识性对话的方式赢得了15万名粉丝，其中80%的粉丝都被脱发问题所困扰。

4．销售转化率高

企业营销的最终目的就是销售转化。相比传统品牌，微品牌在用户群体质量上有着天然优势，因为微品牌关注的是对某种特定功能或情感有着强烈诉求的细分人群。通过沟通互动，这一细分人群转化成消费者的概率要大于普通群体。

品牌的目标用户多并不表示企业的盈利就会更多。微品牌的目标用户虽少但需求却不一定少。所以，若能关注用户更深层的需求，衍生出一些新产品，再借助于社会化营销方式，微品牌同样能开辟出属于自己的市场。

2.3 微品牌成功案例

当今市场竞争越来越激烈，在任何一个领域都有很多企业和品牌在争夺市场资源。微品牌如何在市场中脱颖而出，让产品和品牌深入人心呢？下面一起看两个成功的微品牌案例。

2.3.1 四年销量逆袭优衣库的柚子美衣

柚子美衣是 2008 年在江苏苏州创立的淘宝店，店铺主营女性服装业务。作为淘宝网五金冠原单女装店铺，柚子美衣主要经营各类平价韩版女装和仿版日单服装。柚子美衣致力于打造独立、自信、优雅、小资时尚的品牌形象，目标用户群为 18~30 岁追求时尚品味的女性。柚子美衣的淘宝店铺如图 2-5 所示。

图 2-5　柚子美衣的店铺简介

2011 年 3 月，风险投资机构 IDG 向柚子美衣投资了近千万美元。2014 年 9 月，李冰冰、黄晓明、任泉三人所成立的 StarVC 投资了柚子美衣并将其作为首个投资项目。

截至 2017 年 8 月，柚子美衣公司设有 50 多个业务部门，员工将近 3000 名。柚子美衣通过内部孵化、合资合作、代运营等方式将品牌集群扩张至了 28 个，其中包含文艺女装品牌素缕、妈妈装品牌迪葵纳、童装品牌米妮·哈鲁、美国户外品牌 Discovery、男装品牌 AMH 等。这些品牌均为互联网知名品牌，服装风格覆盖了韩系、欧美系等，服装品类则覆盖了户外装、女装、男装、童装等。

作为发源于互联网的服装品牌，柚子美衣独创的“以产品小组为核心的单品全程运营体系（IOSSP）”是企业通过互联网来提升运营效率的一个成功案例。这一成功案例更是被长江商学院、清华大学 MBA、哈佛商学院 EMBA、中欧商学院等收入教学案例库。

2014 年和 2015 年，柚子美衣先后与韩国艺人全智贤、安宰贤、朴信惠、池昌旭签约。可以说，国内拥有最多国际明星代言人的互联网企业当属柚子美衣。

在打造“以产品小组为核心的单品全程运营体系”的过程中，柚子美衣把精准细分每一款产品的运营数据作为信息化建设中最关键的内容，以此支持多品牌独立运营体系。

2010 年年初，柚子美衣成立了一个信息技术团队，并独立开发了一个数据集成和管理平台系统。该系统功能健全、技术先进、体系也很完整。该系统集成了电子商务平台的前端数据和内部系统中的销售、发货、库存等数据，通过对这些数据的精准划分来形成结构化的数据模块。

2013 年，柚子美衣进一步推进信息化建设，组建起一个超 100 人的技术研发团队。在该技术研发团队的努力下，柚子美衣通过升级 WMS 系统（仓库管理系统）、OMS 系统（订单管理系统）、PMS 系统（生产管理系统）、BI 系统（商务智能系统）、SCM 系统（供应链管理系统）完善了“业务运营支撑系统（BOSS）”，建立起了一个快捷而高效的运营管理系统平台。自此，柚子美衣的每一个产品小组都具备了成为真正“自主经营体”的数据能力支持。

2.3.2 一年销售 20 亿元的巴比馒头

巴比馒头在 2003 年成立，在 2016 年的销售额达到了 20 亿元，在 2017 年，全国拥有门店超过 2100 家。尽管成绩非常出色，但创始人刘会平并不满足，他将巴比馒头的目标设定为“做世界的包子大王”。

通常被视为小本买卖的包子、馒头生意，如何做到年销 20 亿元呢？

1998 年，刘会平从老家安徽来到上海，用仅有的几千块钱开了一个包子铺。因为对上海居民的口味偏好并不了解，刘会平的包子铺很快就倒闭了，而且他本人欠下了七八千元的债务。在这之后，刘会平也还尝试过其他的品类，但都以失败告终。在 2000 年时，他决定重操旧业。

这一次，刘会平进行了详细的市场调查。他发现，小店的包子虽然比较便宜，但是不干净；大店的包子虽然比较卫生，但因为馅料是由机器拌制的，吃起来的口感较差。于是他结合了两者的优点，在上海的南京路开了一间包子铺，名为“刘师傅大包”。尽管周围都是大型饭店、餐厅，但刘会平依然凭借着包子在这里站稳了脚跟。

为了摸准上海居民的口味偏好，刘会平吃遍了上海的大街小巷，然后不断丰富品类，改良口味。终于，“刘师傅大包”凭着好吃、便宜又卫生的优势赢得了顾客一致好评。这一年，刘会平赚到了 50 万元。

2003 年，刘会平将“刘师傅大包”更名为“巴比馒头”，让品牌可以更加契合互联网时代的年轻人。同年，上海巴比餐饮管理有限公司成立，刘会平担任董事长兼总经理的职务。

2005 年，巴比馒头迎来了重大转变。刘会平为巴比馒头注册了专利与商标，同时推出加盟政策，确定了品牌化和连锁化的经营思路。此后，巴比馒头由包子连锁店变成了中式面点制造商，走上了快速发展的道路。

巴比馒头采取中央厨房统一供货的方式来保证食品的安全，即从源头把控品质。2008 年，刘会平注册成立了上海中饮食品集团有限公司，下属上海巴比餐饮管理有限公司等子公司。中饮集团还投资成立了中饮物流这一全资子公司，在保证自己产品配送基础的同时提供冷链物流的业务。

刘会平认为，要想做好营销，必须从孩子抓起。于是，刘会平将整个办公大楼的二楼设计为儿童体验区并向社会开放，家长可以带孩子来体验 DIY 面点。这种营销方式是非常有效的，很多家长临走的时候都会购买一些已经做好的面点主食。

除中式面点巴比馒头外，刘会平计划打造第二个品牌——“鲜食 1 号”。刘会平是这样设想的：中饮集团已经具有完整的农业产业链、物流及较广的线下门店覆盖率，而鲜食 1 号可以基于此进行农副产品的销售和配送。一旦生鲜的线上营业额达到了一定的规模，巴比商城就可以被改为“鲜食 1 号”，成为一个生鲜商城。在后台建设方面，首先看哪个社区订购量高，然后在相应的社区设立“鲜食 1 号”的线下自提和送货点，打通线上、线下销售。

在新零售时代，线上需要转到线下，而线下也需要线上的支撑。巴比馒头顺应时代趋势，开辟出了一条主食加工品牌化的发展道路。对于其他的主食加工企业来说，这是一个很好的借鉴。

3

品牌的本质是产品

品牌的本质是消费者对产品的认知，其核心还是产品。只有抓住产品或服务的本质特性，品牌才能成功。也就是说，只有产品做得足够好，消费者感受到了产品的好，才算是形成了品牌认知。

3.1 产品才是品牌的杀手锏

产品是品牌的杀手锏，对一家公司来说，品牌建设的落脚点首先是产品。没有好的产品，根本谈不上品牌。因为消费者消费的是产品而不是单纯的品牌名称。即便是名扬全球的大品牌，也是依靠优秀的产品和服务才得以立足的。

3.1.1 产品的 4 个层次

大多数人认为，产品就是一种具有特定形状和用途的物品，看得见、摸得着。但这其实是对产品的狭义理解。从广义上说，产品应当是人们通过购买而获得的、可以满足某种需求的物品总和。它既包括可见的物质形态产品，又包括非物质形态的产品，这就是“产品的整体概念”。

产品的整体概念包含核心产品、有形产品、附加产品和心理产品这 4 个层次，如图 3-1 所示。

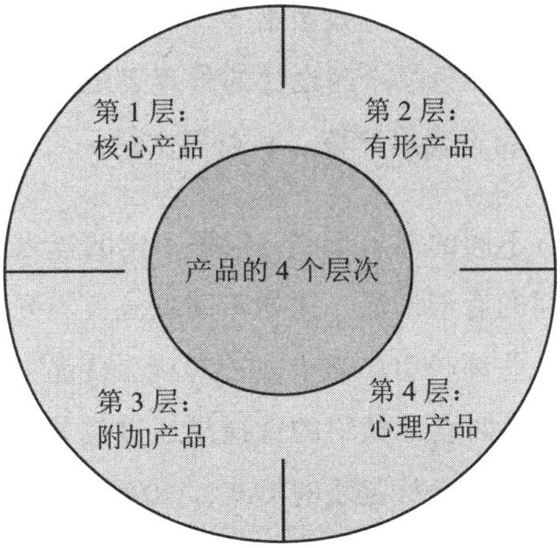

图 3-1　产品的整体概念

1. 核心产品

核心产品，也被称为实质产品，是指被高度认可的、能够满足用户最终需求的利益或服务。比如女士购买化妆品时，比较关心产品的价格、原料、口碑等各方面的情况，但实际上她们最关注的是化妆品的核心功效。因此，企业在开发和宣传产品时应当明确产品的核心功效，这样才能具备吸引力。

2. 有形产品

有形产品是核心产品借以实现的形式，由质量、样式、特色及包装 4 个方面构成。产品为消费者提供的服务必须通过一种有形产品表现出来，换言之，消费者是通过有形产品来接受核心产品的。

企业在设计有形产品时，应该注意以下两方面。首先，有形产品应与用户需求相对应。比如佳能相机 3.2 英寸的屏幕大小是用户利益点的一种表现，也是与需求对应的一种体现，这与佳能相机高端产品的定位相符。佳能相机的型号大小、薄厚、有效像素等，都是产品定位要体现的利益需求形式。有形产品是一种通过产品设计的外观表现出用户利益需求的形式，而核心产品是通过内涵表现用户核心利益需求的。

同样，电视也有不同的需求形式，根据不同的需求形式进行产品的定位，最后产生了不同的有形产品。比如不同款式、不同屏幕大小，以及不同的功能特征等，这些都与用户需求一一对应。食品、饮料也是如此，作为快速流转品，消费者对食品饮料的选择是通过包装进行快速识别的。因此，食品饮料的有形产品是从包装的形式、颜色和文字等整体感知上对应用户利益需求形式的。

其次，有形产品应与市场定位相对应。不同的产品表现特征和表现方式是有区别的，比如消费品分为快速消费品、耐用消费品及不同类型的服务产品。这些不同类型的产品表现方式也不同，比如服务性产品的表现方式分为结果性服务与利益性服务。

每个宾馆都有不同的市场定位，其有形产品就有很大的差别。温馨、像家一样温暖的宾馆，其有形产品就会像家一样亲切，不追求高档；娱乐型、吸引度假人群居住的宾馆，其有形产品就会有丰富的娱乐设施，满足人们的娱乐需求；商务型宾馆一般是商务人士出差临时居住的宾馆，其有形产品往往包括办公设施。快捷酒店要求既能处理商务又经济实惠，这样才能吸引广泛的目标群体。总之，有形产品需要与产品的市场定位相匹配。

3. 附加产品

附加产品指的是消费者在购买产品时不仅得到了核心产品和有形产品，还得到了一些附加利益，包括售后服务等核心利益以外的利益。核心产品与形式产品的价值都是看得见、摸得着的，被称为“可感知价值”，而附加产品的价值则是看不见摸不着的，因而也被称为“不可感知价值”。

日本著名设计师平岛廉久说，“产品提供给消费者的价值有两种：一种是硬性产品价值，就是指产品实际能提供给消费者的功效，如饮料就是解渴的，饼干就是方便充饥的；另一种是软性产品价值，是比较抽象的，这种价值是指能满足消费者心理需求的某种文化和追求，如化妆品带给消费者美丽、漂亮和华贵等。”核心产品和有形产品具有硬性产品价值，附加产品则具有软性产品价值。

4．心理产品

心理产品指的是通过产品的品牌给消费者提供心理上的满足。消费者的消费过程是生理和心理消费相结合的过程。当前，随着人们越来越看重产品的品牌，心理产品已成为产品整体概念中的重要组成部分。

由于目前消费者逐渐从物质消费转向了精神消费，越来越倾向于品位、文化和感性等抽象的东西，所以在市场上，心理产品的地位逐渐上升。心理产品与产品的品牌文化难以分割，已经融为一体。

品牌是以产品为介质而传递出的一种情感利益认同，可以满足消费者的情感价值需求。例如小米、苹果的粉丝之所以如此疯狂都是因为品牌的个性化理念。这些粉丝成为小米与苹果的消费主体和忠实宣传者。又例如一些偏爱宝马的消费者也许并不在乎汽车的性能有多好，跑得有多快，能开多长时间，他们在乎的是宝马的品牌价值，即宝马带给他们的心理满足与身份象征。

值得一提的是，企业通过公益、公关等活动，全方位树立企业形象和品牌形象、拉近消费者与企业的距离，也能直接或间接地提升产品的心理价值。

3.1.2　品牌属于产品又高于产品

品牌建设分为三个阶段，第一个阶段是产品阶段，第二个阶段是名字阶段，第三个阶段是品牌阶段，如图 3-2 所示。品牌最初就是产品，因此我们说品牌属于产品又高于产品。

图 3-2　品牌建设的三个阶段

在产品阶段的品牌具有三个层次，分别是大众产品、平价产品、声誉产品。大众产品指的是特色不够明显，市场上非常常见的产品。平价产品指的是具有一些不同或者特色，以及相对稳定市场份额的产品。平价产品在未来很可能会发展成为知名品牌。声誉产品指的是独一无二并且被市场热烈追捧的产品。声誉产品会在未来会发展成为非常强大的品牌。

在名字阶段的品牌也具有三个层次，分别是口碑、名字、指名购买。这里的口碑不是知名品牌已经建立好的良好口碑，而是指那些原本没有什么名气，但消费过的人都赞不绝口并且推荐给周围人的品牌。只要这个过程持续下去，产品的名字就会被越来越多的人知道，直到形成指名购买行为。

在品牌阶段，最初的层次是知名品牌，然后发展为强大品牌，最后是国家品牌。一个品牌名字经过持续并广泛的传播后，就会成为知名品牌。此时，如果产品没有专利技术作为支撑，其他竞争者就可能会学习与模仿，那么企业就会止步于“知名品牌”阶段。对这种企业来说，只有两条路可走，一条路是通过自主创新继续向前，另一条路是由辉煌到平庸，再到生存危机。

一个公司要想造就一个强大品牌，就必须坚持自主创新，生产独具特色的优质产品，让竞争对手通过模仿也无法企及。这点是非常关键的，摩托罗拉没有做到，诺基亚取代了它；诺基亚也没有做到，苹果取代了它。

只要对手能够企及，品牌就容易陷入短兵相接的竞争。而通过塑造品牌竞争优势，进行这种良性竞争，往往会成为人生赢家。

3.1.3 褚橙的故事

褚橙的价格、口感以及褚橙背后的故事是受到人们广泛认可的，其背后的故事也是广为人知的。它因由过去的“烟草大王”红塔集团原董事长褚时健种植而得名。同时又因为褚时健非同寻常的人生经历，褚橙也叫作励志橙。

褚时健，出生于 1927 年。改革开放后，褚时健任玉溪卷烟厂厂长。在他在任的十几年时间里，玉溪卷烟厂成了一台印钞机，年税利从 0.97 亿元飙升至 206 亿元。1998 年，玉溪仅次于大庆油田，名列中国税利第二。

褚时健带领的玉溪烟卷厂生意火爆，但这也为他日后栽跟头埋下了隐患。褚时健在 1995 年被人举报贪污，其妻子和女儿也遭到审查。褚时健的女儿更是在牢中留下遗书后自杀身亡，褚时健悲痛欲绝。1999 年 1 月 9 日，褚时健被判处无期徒刑。服刑的褚时健深感苦闷，身体状况也大不如前。2001 年，由于严重的糖尿病，褚时健保外就医，从此隐没在云南哀牢山种橙子。

从牢狱中出来以后，褚时健承包了 160 公顷荒山，开始再次创业。地产大亨王石曾前去探望，眼前的景象让他惊讶不已：橙子挂果需要 6 年，但那年褚时健已经 75 岁，一个戴着大墨镜，身穿破圆领衫的 75 岁的老人正兴致盎然地跟他谈橙子挂果的情景。尽管褚时健的处境并不好，但在他的身上却展现出了企业家的风采。王石表示，假如是自己遇到那样的挫折，到了褚时健那个年纪，自己一定没有他那样勇敢。

第一批褚橙在6年后挂果成熟，但口感比较酸，一点都不好吃。褚时健并未急于将这些橙子销售出去，而是潜心钻研让橙子变好吃的方法。经过不断地钻研与四处求教以后，褚时健转变原有种植方法，让一棵橙子树只保留200朵花。褚时健认为最好的橙子应该在有甜味的同时又带有一丝微酸，令人们能在果汁流入口中时，感受一种自然滋味。这种滋味来源于橙子甜味与微酸的交融。除此以外，橙子的水分也要充足，果皮也要能够用手剥开，这才可以被称作是一个好橙子。

经过不断实验，褚时健终于成功种出了符合中国人口味的橙子——褚橙。2010年，褚橙畅销昆明的大街小巷，其易剥的果皮、饱满的果肉和入口即化的口感都令人惊叹不已。褚时健本人的经历一时之间也开始被人们津津乐道。

褚橙一年只有两个月销售期，这就意味着褚橙从采摘到推广、销售、配送等过程都必须在一个多月的时间里完成，否则橙子就会成为掉落在地上的废果。时间紧迫而任务艰巨，为了避免橙子大量损失，已经80多岁的褚时健每年都要在一个多月时间里完成褚橙采摘到销售配送的全部过程。

褚时健决心开拓北京市场，将褚橙销往全国。于是，褚时健开始与本来生活网等电商平台合作，尝试把橙子放在网上销售。在网络上销售的褚橙有“特级”和“优级”这两种分类，“特级”价格为148元一箱（5千克），“优级”价格为128元一箱（5千克）。2012年10月25日，首批入驻本来生活网的褚橙开始采摘，并在当年11月1日正式向北京发送。这批橙子重20吨共4000箱，直径均在7.1厘米以上，全部为特级品。不计算中途耗损，价值30多万元。

首批进京的褚橙正式在本来生活网开售，比云南当地上市时间早 10 天。本来生活网非常重视这批褚橙，特别为其设置了一个专题销售区，以打造明星商品的方式来为这批褚橙造势。根据本来生活网的销售数据显示，当时昆明市场上的褚橙售价为每 500 克 6.9 元，在本来生活网上的售价则达到了每500克13.8元。即便网络的销售价格较高，但褚橙依然销售火爆，最终抢购一空。

“衡量一个人成功的标志，不是看他登到顶峰的高度，而是看他跌到谷底后的反弹力。”王石在北京看到褚橙的火爆热销后，曾引用巴顿将军的话向褚时健和他的褚橙表示由衷的敬佩。

如今，褚橙开始在本来生活网、天猫褚橙水果旗舰店预售。网上预售的价格为特级果 XL 型 168 元/箱（5 千克）、优级果 L 型 148 元/箱（5 千克）。对于褚橙的成功，褚时健曾表示，“与电商合作成就了唯一不可复制的褚橙品牌”。褚时健的故事也许无人能复制，但他本人通过塑造品牌而获得成功的经验是值得大家学习和借鉴的。

3.2 产品要引领消费者认知

有知名度的产品，其销量永远不会太差，因为消费者对这种产品的认知深刻，更倾向于迅速做出购买决定。在竞争激烈的市场中，企业应当致力于让自己的产品引领消费者认知。只有这样，才能促进销售，获得最大盈利。

3.2.1　单点突破，做到极致

说到极致，不得不提苹果手机。截至 2017 年 8 月，苹果的市值已经接近 8000 亿美元。仅在 2017 年，苹果的股价就上涨了近 35%。

与索尼、惠普等品牌相比，苹果的产品品类非常少。苹果推出的第一代 iPod 只有一种颜色，因为苹果追求的不是多，而是极致。苹果的创始人兼上一任领导者乔布斯认为，有限的极致比全面的平庸更值得追求，这就是乔布斯对完美产品的诠释。

在乔布斯接手苹果公司之前，苹果公司的发展经历了几起几落的历程。1977 年，苹果公司推出划时代 PC 产品，苹果公司开始走红；1980 年苹果公司上市，从此成为 IT 界的“明星”。然而就在接下来的几年，苹果公司产品开发思路受限导致其业绩逐渐下滑。1996 年，在 NEXT 被苹果收购时，苹果已经濒临破产。

乔布斯借 NEXT 被苹果收购之机重新进入了苹果公司。面对危难中的苹果公司，乔布斯依然信心满满，并开始对公司进行全面改革。首先，乔布斯和以前的对头——微软结成战略联盟，以交叉授权的方式进行合作。然后乔布斯带领苹果推出了光彩夺目的 iMac 电脑。iMac 电脑的外观半透明，鼠标可以发光，色彩非常丰富。iMac 连同后来的 iMac 二代、iBook 等产品一并获得了一系列最佳称号，成为了一种时尚象征。所以，如果乔布斯并未研修过美术课，以及缺乏对消费者心理的洞察，那么就不会有苹果如此标新立异的构思与出色的工业设计。

在乔布斯的带领下，苹果终于转危为安，由亏损转为盈利。苹果 iMac 产品的软件与硬件都是一个封闭系统，而 Windows & intel 体系却是开放的，苹果因此受到了很大冲击。尽管苹果的市场占有率逐年下降，但苹果品牌凭借独特张扬的个性和堪称极致的产品设计，为苹果赢得了众多忠实粉丝。苹果成为了一小部分追求极致体验的群体的最爱，变成了小众产品。

至此，乔布斯开始了对苹果的改造历程。苹果的整体运作思路不再局限于 PC 市场，而开始进军广阔的电子消费市场。2001 年，苹果进入数码电子行业，推出了 MP3 播放器 iPod。2007 年，苹果进入通信电子行业，推出了智能手机 iPhone。由于乔布斯准确把握了消费者需求，所以苹果在新市场里获得了巨大的盈利和成功。之后，苹果创新性地推出了 iTunes 音乐商店。在随后五年的时间里，iTunes 音乐商店共售出 40 亿首数字歌曲，成功获得了全球数字音乐市场 70%以上的份额，这个结果远远超过预期。

2007 年，乔布斯正式将苹果电脑公司改为苹果公司，苹果从此进入新的发展时期。高端消费的电子产品和服务融合将是公司的新战略重点，个人电脑产品则位居其次。此次更名意味着苹果在 2001 年发布 iPod 时所启用的数字家庭战略开始名正言顺。

iPod 的发布还标志着苹果的另一转变。苹果打破过去封闭架构的做法，开始对苹果产品进行适度的开放，以扩大兼容性和市场空间，例如针对 PC 机和 Windows 而产的 iPod，以及 2006 年开始使用 intel 的处理器并兼容 Windows 操作系统的 iMac。苹果从封闭到开放的转变使得 Mac 操作系统的市场占有率明显上升。

乔布斯的战略手段与产品策略运用得非常成功。在产品策略上，乔布斯非常重视用户的使用体验，不断进行创新，不断推出简捷实用又人性化的产品，通过细分市场的方式让苹果拥有了各个不同阶层的用户。

在产品定位上，乔布斯则重视准确定位与差异化竞争。例如，iPhone的目标用户群是热爱音乐、注重炫酷体验的娱乐用户，而不是更加注重通讯和电池续航力的黑莓（商务）用户。苹果通过做减法的方式调整了手机的成本结构，去掉了手机中很多的传统功能，而这恰恰就是 iPhone 重要特性的突出体现，代表 iPhone 完成了用户的价值创新。iMac 外观精致、iPad 娱乐功能强大，这些都是苹果产品的差异化表现。

苹果极致的战略手段和产品策略使得在全球范围内形成了一个庞大的苹果粉丝群体，甚至形成了一种苹果文化，而这些最终帮助苹果成为了世界上数一数二的强品牌，获取巨大的盈利。这些策略造就了苹果独特的生存方式，也成就了苹果这个极致品牌。所以，无论是任何行业，都应该学习苹果追求极致的精神，为消费者带来更多优质的产品与服务。

3.2.2 产品定位

定位是互联网时代品牌化背景下关系企业生存的营销策略。纵观当前市场，产品同质化现象严重。企业如何在竞争日趋激烈的市场中，为产品找到清晰定位是一个关键问题。

产品定位是指在营销过程中，确定产品在消费者心目中与众不同的形象和地位，从而为消费者购买产品提供一个参考依据。产品定位就是要在目标消费者心中留下特别的印象，以吸引目标消费者的关注和购买。定位陈述对产品有着极为重要的影响。

曾在谷歌工作九年的阿里尔·杰克森(Arielle Jackson)认为，“定位必须要考虑到用户以及潜在用户，并充分考虑竞争对手。一个产品不可能让所有人都满意，但是只要一部分人的需求被满足就行了。”

《定位：争夺用户心智的战争》（*Positioning*）一书中有一个关于定位的解读："为……（目标用户）解决……（某种需求）的……（产品类别），核心卖点是……。"这个框架可以为任何产品做出尽可能清晰的定位。

在描述产品定位之前，可以思考以下问题：

（1）你的产品与竞争对手的有何不同？

（2）目标用户的最大范围是什么？（开始可以说得宽泛一些，再努力说得更具体一些，最后具体描述出你的典型用户）

（3）目标用户的痛点是什么？目标用户会因为痛点产生什么样的情绪？

（4）其他竞品是如何解决相关问题的？（对比自身产品与竞品的长处和短处）

解决了以上的问题，产品定位就会变得非常简单。

3.3 产品美誉度的重要性

产品知名度是美誉度的基础，有了知名度之后，产品都会追求美誉度。只有美誉度才能真正反映产品在消费者心目中的价值水平。美誉度表示产品在消费者心中的良好形象，需要经过长期细心经营才能建立起来。

3.3.1 好口碑胜过一切

大部分企业都将时间与营销费用投入到上门推销、电话销售及以广告为主的营销推广上，但发展至一定程度时就会遇到无法突破的瓶颈。事实上，这种做法只能提升产品的知名度，对于塑造口碑、提升产品的美誉度却几乎没有作用。

企业应该将大部分时间与营销费用用于维护用户和提升用户满意度，让用户主动进行口碑传播。由老用户推荐而来的新用户，其消费额通常会高于普通新用户，可以为企业创造出更多利润。而且，新用户也会为企业带来其他的用户。于是，企业就形成了一个用户自动流入系统。

美国营销顾问皮尼·科恩（Pinny Cohen）曾指出，进行推荐的用户本身是十分重要的。所谓物以类聚，人以群分，一个高价值用户所推荐的用户，其价值往往会比较高。

企业扩大用户群的一条低成本路径就是让那些对企业产品满意的用户为产品做口碑宣传。皮尼·科恩本人一直专注于通过口碑宣传的方式来降低企业成本。对此，他曾这样表示，“我的日程排得满满当当，时薪也在不断上涨，如果我的用户将我推荐给其他用户，我也会给予新用户一个友情价（跟推荐用户一样的价格）。与其花钱做广告，还不如将这些预算都节省下来为用户提供实惠，我是不会花一分广告费的。”

俏衣橱是一家提供高档衣橱服务的公司，其用户主要来自于用户的口碑推荐。据该公司销售主管透露，“老会员可通过为我们带来新用户来抵消会费，如推荐者自身需缴纳的月度会费为 1000 元，受其影响而加入的新会员会费也为 1000 元，那么这位推荐者就可以免除一个月的会费。”

一家健康管理公司为了强化用户的口碑推荐，推出了一个推荐奖励活动：凡本公司会员推荐的用户可免费享受价值 298 元的 72 项身体检查套餐。该活动宣传一出，所有的老用户都向自己的亲朋好友及同事转告了这个好消息，大家都纷纷来这家健康管理公司体验这项身体检查套餐服务。这种方式虽然看上去是公司吃亏，但公司其实通过这种方式，在为新用户提供高品质服务的同时，又能开发大量长期用户。

口碑营销是利用用户口碑宣传效应的一种营销方式，口碑营销对于企业价值具有非常重要的影响，好口碑可以有效促进产品销售与企业盈利。随着小米创始人雷军对口碑营销的成功实践，越来越多的传统企业也开始关注口碑营销。

雷军在中国 IT 领袖峰会上发表演讲时说，“口碑是什么？有人觉得好产品有口碑，也有人觉得便宜产品有口碑，我想跟大家说不是这样的，这个世界好产品很多，便宜产品很多，又好又便宜的产品也很多，口碑的传播是超预期的。”

相信大家都有过这样的体验，在一个饭店用苹果手机连接无线网络，要在小小的屏幕上手动输入向服务员索要的账号密码，是不是很痛苦？而当你拿出小米手机的时候，它会自动询问是否需要连接无线网络。如果选择是，手机便可迅速连上网络。小米就是依靠这样一个个小细节打动了用户。小米作为互联网企业的典型代表，将口碑营销做到了淋漓尽致。

如今，更受消费者信任的是第三方影响者，而非品牌企业。口碑营销是一种新型的市场营销方式，其把正面的营销消息传递给有影响力的人，再由有影响力的人传递给广大消费者。有效的口碑营销可以让企业利润得到爆发式增长。美国营销专家 Jay Baer 认为，影响者是指那些活跃于社交媒体和博客中并能推广消息和品牌的人。他们能够真正地引发消费者行动，而不仅仅是提高企业知名度。

英国利洁时集团滴露品牌的消毒液在中国大城市扎稳脚跟后，开始向大城市以外的市场拓展业务，然而初期增长非常艰难。利洁时为了提升品牌知名度，投放了大量费用高昂的滴露电视广告，但却没有达到预期效果。于是利洁时最终决定进行口碑营销，开展一个针对母亲群体的口碑营销活动。

利洁时选中了 4000 位母亲，向其发送了 48000 份样本，每一位母亲，包括她们的十多位朋友在内都能免费领取一份产品套装。最终该活动的效果比预期还要好，成功地影响了该品牌将近一半的目标消费者。在不到半年的时间里，滴露品牌的知名度比原来增长了五倍，购买率从 21%增长到了 42%，销售额更是在短短两个月的时间里增长了 86%。

在互联网时代，鉴于人们越来越广泛的交流和接触范围，口碑营销也逐渐成为企业营销的首选。企业若想要实现完美极致的口碑，令消费者可以主动为你宣传，最根本方法就是通过开展一些品牌活动来引发口碑效应。

消费者是感性的，如果企业的表现超过他们的预期要求，消费者就会非常满意，并用口碑宣传回报企业。例如张勇在经营海底捞早期，邻居夸赞他的辣酱非常好吃，几天后张勇便亲自为邻居送去，并告诉她想吃的时候随时都可以去店里拿。张勇这样的体贴关怀深深感动了邻居，于是她逢人就夸张勇和他的海底捞。由此可见，若能在细节上做到关怀备至，那么消费者就会感受到企业的诚意，也自然乐意为其宣传。

3.3.2 产品美誉度提升法则

产品美誉度高，消费者自然愿意主动为其进行口碑宣传。那么企业如何提升产品的美誉度呢？产品美誉度提升法则，如图 3-3 所示。

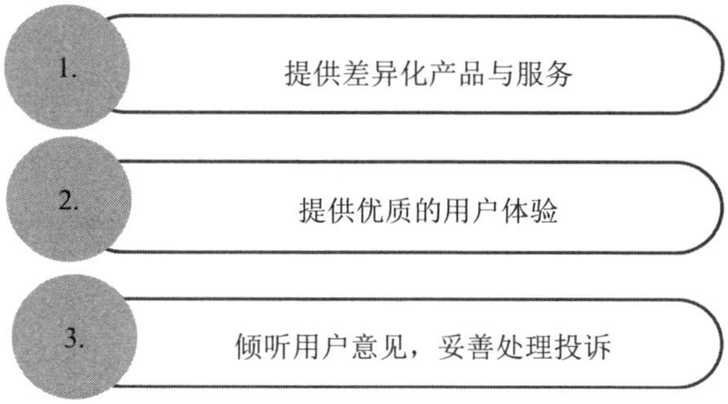

图 3-3　产品美誉度提升法则

1. 提供差异化产品与服务

众口难调，没有任何一件产品可以得到所有人的认可。在产品同质化现象严重的市场里，一个与众不同的品牌往往能够俘获一批忠诚的粉丝。商家在打造产品和服务时，一定要注意差异化定位，打造自己的专属品牌。

2. 提供优质的用户体验

优质的用户体验可以为品牌加分。如今，消费者更加重视精神上的富足，需求性粉丝更是如此。如果需求性粉丝有一次消费体验很不愉快，那他就会对品牌进行“差评”处理，用户黏性也会越来越低，甚至可能将产品“打入冷宫”。

3. 倾听用户意见，妥善处理投诉

主动倾听用户的意见和建议，妥善处理用户的投诉有助于提升用户满意度，减少用户负面的口碑传播。

我简直不敢相信，才过了一天，事情就有了转机……通过此次事件，我见识了联想这个国际品牌企业对问题反映的快速性以及处理事件的高

效性，我承认联想这个品牌确实是值得信赖的！

联想曾经收到过如上内容的一封感谢信，署名为“一位联想产品的继续拥护者”。事情的起因是某位用户在使用联想电脑的过程中出现了问题而写下一封投诉信，联想的售后服务没有怠慢，立即处理了这件事情。为了赞赏联想这一高效优质的售后服务，该用户发来了感谢信。

联想集团 CEO 杨元庆在品牌创始之初就提出“谁贴近用户，谁就拿到了指挥棒”与“用户的问题是我们工作的出发点”这两大服务理念。如今，联想的成功与此密不可分。联想对于售后问题的快速响应留住了用户的心，令那些投诉用户也转化为“联想产品的继续拥护者”。

所以，如果公司能够重视用户的声音与用户的诉求，对用户的投诉保证及时地响应和提供解决办法，那么产品的美誉度必定不会差。

4

如何打造一个有知名度的品牌

原材料、生产、加工、质量、销售等是一家企业的生命，企业要想在市场中脱颖而出，还需要打造有知名度的品牌作为企业灵魂。一个没有灵魂的产品只有最基本的价值，那便是使用价值。在这种情况下，企业就会淹没在同质化的泥潭中。企业应当树立品牌意识并加强企业特色文化建设，升华产品价值。但如何打造一个有知名度的品牌呢？本章将分享打造成功品牌的经验。

4.1 准确的品牌定位

品牌定位是创建一个品牌的基础和核心，要想建立一个有知名度的品牌，必须有一个准确的品牌定位。虽然品牌定位是品牌战略的基础和核心，但是很多企业在品牌建设方面做得并不好，怎样规划品牌和找到准确的品牌定位、怎样提升品牌价值等都是企业品牌建设中所存在的问题。

4.1.1 市场定位、产品定位、品牌定位

市场定位是企业选择目标消费者的过程；产品定位是在市场定位的基础上选择用什么样的产品满足目标消费者需求的过程；品牌定位则是在市场定位和产品定位的基础上建立品牌形象的过程。从深层意义上说，品牌定位决定了品牌在消费者心中的样子，也就是强势品牌烙印。

很多人分不清市场定位和产品定位，这两者之间其实存在很大区别。理论上讲，市场定位在前，产品定位在后。以发明随身听为例，索尼联席主席盛田昭夫发明随身听的契机是首先意识到人们对边走边听音乐的需求，这便是随身听市场的发现。然后产品定位随着创造随身听的想法而产生。

那么，市场定位包括哪些内容呢？下面是市场定位的基本内容：分析总体市场环境、分析竞争对手、进行市场细分、选择目标市场、对目标市场进行区域规划、描述目标市场的消费者特征。

市场是由那些有需求并且有购买力的消费者组成的，所以市场定位是对“把产品卖给谁”这一问题的回答。而产品定位则是对“生产什么样的产品给消费者”这一问题的回答。它们虽然都以人为基础，但在具体内容

上有着根本差异，两者不能混为一谈。

产品定位与 4 种因素有关：产品、企业、消费者和竞争者。具体来说就是产品的特性、企业的资源、消费者的需求与偏好、竞争对手的市场位置。将 4 种因素结合在一起考虑，才能做出准确的产品地位。产品定位包括以下 5 个步骤，如图 4-1 所示。

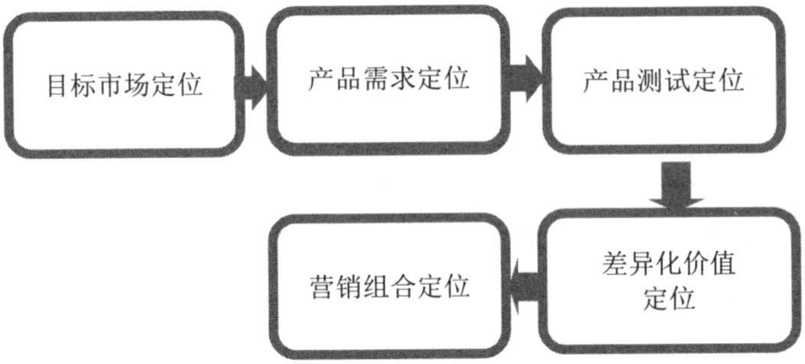

图 4-1　产品定位的 5 个步骤

1. 目标市场定位

市场定位是产品定位的基础。因此在产品定位之前，应当先完成市场定位，弄明白产品是给谁用的（Who）。

2. 产品需求定位

确定产品给谁用之后，然后需要确定产品所满足的需求是什么，即明确满足目标市场人群的需求（What）。

3. 产品测试定位

产品测试定位是企业对产品进行测试的过程，即企业确定自己的产品是否可以满足目标市场人群的需求（If）。在这个过程中，企业需要对自身产品进行设计或改进。

4. 差异化价值定位

差异化价值定位是对目标市场需求、产品及竞争对手产品定位进行综合考量，提炼出产品的独特点。这个过程实际上是考虑产品的特性如何与其他营销属性结合的问题（Which）。

5. 营销组合定位

营销组合定位，即找到一种营销组合方案从而保证产品定位到位。它不仅是品牌营销推广的过程，也是产品价格、营销渠道策略与沟通策略有机结合在一起的过程。

产品定位是企业的一种决策，即对可以满足市场需求的产品特征和产品组合做出选择。一般说来，产品定位包括以下几个内容：产品类别、产品档次、基本产品构成、基本产品功能、产品线长度、产品宽度和长度、产品的型号规格、产品外形及包装、产品的 USP 独特卖点、产品价格、产品层次的营销组合及基本营销策略等。

总体来说，产品定位是市场定位的具体化和落实。市场定位是产品定位的基础，同时也指导产品定位，产品定位比市场定位更加深入和细致。品牌定位则在市场定位和产品定位都完成的基础上进行。品牌定位以产品定位为基础，但内容远远多于产品定位。

品牌定位是品牌建设的核心价值所在。因此，品牌定位也是企业品牌营销人员的重要任务。品牌定位决定了消费者对品牌的印象及品牌对消费者的吸引力，所以企业应当重视品牌定位。品牌定位的主要方法，如图 4-2

所示。

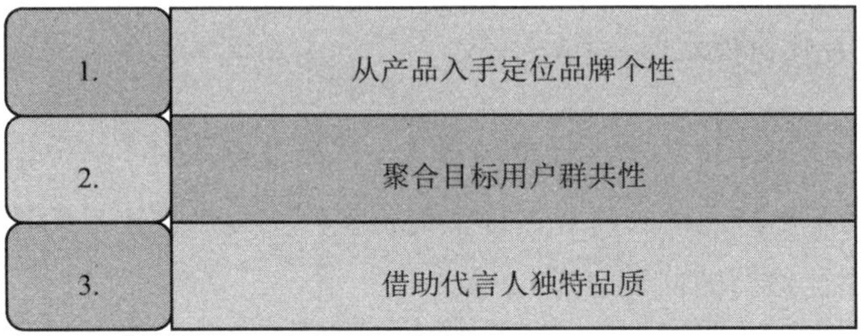

图 4-2　品牌定位的方法

1. 从产品入手定位品牌个性

产品是品牌个性最重要的载体。随着企业知名度的提升，企业产品也会逐渐广为人知，展现出自身独特、鲜明的个性。用户对企业的忠诚度很大程度上取决于企业所提供的产品与服务。用户对产品的钟爱往往代表着对品牌的认同，因此产品的个性与品牌的个性是一脉相承的。

英特尔的CPU产品更新换代的速度非常快，一直引领着行业的发展。该公司的产品由于创新品质非常突出，受到大部分注重创新的电脑用户青睐，因而造就了英特尔巨大的品牌价值。所以，各大企业也可以围绕自身产品的独特优势，打造粉丝认可的品牌特征。

2. 聚合目标用户群共性

通常来说，使用某一品牌的消费者群体，其背景是相似的。久而久之，这群消费者共有的个性就变成一种品牌价值，成为该品牌的鲜明特征。

摩托罗拉是中国手机市场的开拓者。当时，由于商务人士是购买手机的主要用户，所以摩托罗拉的主要消费者是商务人士。时间一久，商务人士所具有的共同行为特征凝聚在一起，形成了摩托罗拉注重效率、自信成功的鲜明品牌特征。因此，企业可以以精准描述消费群体的方式，从中提炼出自身用户所具有的共同性，从而形成个性鲜明的品牌定位。

3. 借助代言人独特品质

品牌定位还可借助品牌代言人的独特品质。以这种方式，企业产品的特质可通过品牌代言人的独特品质传递给消费者。耐克公司在这方面就做得非常出色。耐克的品牌代言人包括迈克尔·乔丹（Michael Jordan）、查尔斯·巴克利（Charles Barkley）等。显而易见，耐克一直以著名的体育运动员作为自己的品牌代言人。

"Just Do It"是耐克对这些体育运动员的个性诠释，同时也是耐克对自身品牌的诠释。这一个性鲜明的品牌定位吸引了众多青少年粉丝。在营销过程中，企业几乎都会聘请明星代言人，借助明星代言人身上的特质，来定位企业自身产品的品牌特征，从而与其他品牌特征形成明显差异。

4.1.2 小米 STP 案例

截至 2017 年 3 月，在创业公司估值排名中，小米排名第二，估值 3080 亿元。小米的创始人是著名的天使投资人雷军，雷军在 2010 年创立了小米。2015 年，小米成为了世界上最有价值的公司之一，其当时的估值为 460 亿美元。下面就以小米为具体案例来论述品牌定位。

首先了解小米的 STP 战略应用（图 4-3）。STP 战略中的 S、T、P 三个字母分别是 Segmenting、Targeting、Positioning 这三个英文单词的缩写，分别表示市场细分、目标市场和市场定位，如图 4-3 所示。

图 4-3 小米的 STP 战略应用

1. 市场细分

市场细分主要依据四大因素，包括地理因素、人口因素、心理因素和行为因素。

根据地理因素，小米的销售市场分为国内市场和国外市场，其主要市场还是国内市场。当然小米还可以依据人口因素和行为因素进行市场细分。

（1）娱乐型。主要消费群体是年轻上班族和学生族。他们的共同特征是较为年轻，经济能力比较弱。除一般的通讯功能外，他们更重视手机照相、游戏等多媒体功能和时尚的外观。所以，设计时尚、娱乐功能多样及价格实惠的手机便是他们最需要的。

（2）商务型。主要消费群体是 30~45 岁的职场工作者。他们的共同特征是收入稳定，具备一定的经济能力。这些职场工作者大多处于企业的中上阶层，日常工作繁忙。所以他们需要能够高效完成商务工作的手机。

（3）开发型。主要消费群体是 20~30 岁的手机发烧友和 IT 相关行业的工作者。这一群体在手机市场中所占有的比例并不大，他们的共同特征是对手机抱有极大的探索欲望，热衷于发掘手机隐藏的功能和潜力。

2. 目标市场

2010 年，小米推出了“米聊”这个移动终端社交工具，在这里米粉（小米的粉丝）可以畅聊与小米有关的任何问题。这些米聊用户便是小米手机的潜在用户。与其他社交软件上的用户相比，米聊用户的活跃度更高，对手机也更加了解。对于这一类群体来说，手机、电脑、汽车都是他们的玩物，他们会将手机每个部件的性能拆解出来与其他产品比较，例如手机的CPU 性能、启动速度、屏幕大小……这些爱玩、爱折腾电子产品、依赖互联网的发烧友，令这家初创手机品牌公司一夜成名。

小米通过米聊用户的行为数据发现了这个痴迷于手机工具的群体，就是手机发烧友。于是，手机发烧友便成为了小米的目标市场。小米之所以定位于发烧友，是因为他们是其他消费群体的榜样，代表着消费的最前沿，经常能够引发热潮。作为一家创业公司，小米以分析用户行为数据的方式精准定位了手机发烧友这一目标市场，以做年轻人喜欢的产品来塑造一个充满活力的公司形象。

3. 市场定位

小米的自我定位是“为发烧而生”，可见其狂热之心。另外，小米进行不断的创新与优化，更是累积了无数忠诚的小米粉丝。若要问小米的市场定位战略是什么，答案便是形象差异化战略、服务差异化战略和产品差异化战略。

（1）形象差异化战略

在核心部分与竞品相差无几的情况下，小米以塑造不同的产品形象来获取形象差异化的优势，以优质的 MIUI 系统和非同一般的安卓体验为消费者带来贴心的用户体验。

（2）服务差异化战略

在品牌塑造上，小米并未使用传统的硬性营销手段，而是采用柔性体验的方式进行品牌营销。小米非常鼓励消费者参与公司的营销活动，通过微博、微信等社交平台来与消费者互动，以此提升消费者的参与感。

（3）产品差异化战略

与其他智能手机相比，小米除具备一般智能手机的基本性能外，还具备一些独有的高端性能。小米的创新性是其他品牌所无法比拟的，例如新的 MIUI 9 系统，由于很多细节都被重新设计过，所以操作界面变得更为美观，过渡动画更显华丽。

4.2 品牌可视化

关于品牌形象，每家企业都有自己的一套理论，但根本思想都是从理念到视觉表现。一个可视化的品牌是企业追逐的目标，因为它可以通过最外在、最直接、最具有传播力和感染力的内容打动消费者。可口可乐的玻璃瓶剪影、飘带，耐克的勾、苹果手机被咬了一口的苹果等深入人心的标志和图形正是品牌可视化的体现。

4.2.1 品牌表达的 4 个方面

品牌表达的 4 个方面分别为产品、环境、行为和宣传，如图 4-4 所示。大多数品牌都会重视这四个方面的品牌表达。以酒店为例，在产品方面，需要提供可口美味的食物；在环境方面，需要营造干净卫生、安全舒适的氛围；在行为方面，需要提供贴心细致的服务；在宣传方面，需要在目标用户群心中建立一个深刻的品牌印象。也有一些品牌以其中一两个方面的表达为主导，汽车企业就是以产品为主导的品牌。如果产品有问题，那么无论环境、行为、宣传方面做得再好，作用也微乎其微。

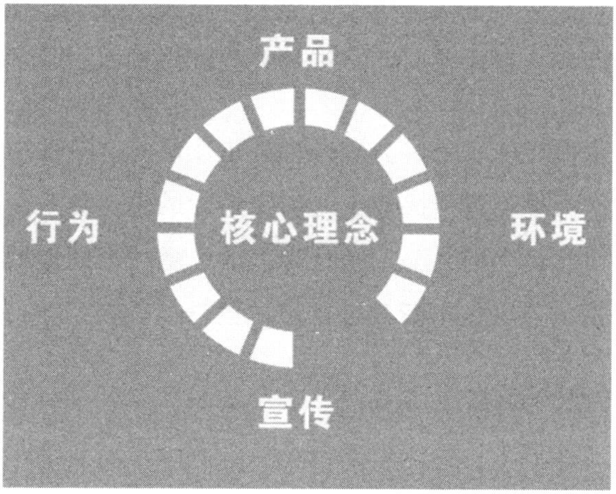

图 4-4　品牌表达的四个方面

麦当劳是一个品牌表达的经典案例。下面进行具体介绍。

1．产品方面的表达

麦当劳是从汉堡起步的，汉堡也是麦当劳的主打食品。麦当劳对汉堡的原料有严格的标准，对牛肉原料、蔬菜等各种食材的保质期和保存期都有着严格的规定。从食材原料的采购到制作，从食物出炉到销售到顾客手中的每一个环节，麦当劳都遵从严格的标准，甚至达到了严苛的程度。

虽然各家分店所处的地理位置不同，但产品质量指标是固定的。在食物制作期间，麦当劳的标准是“少量多次”。每一家麦当劳分店都会在成品的中央输送槽上张贴标准产品质量指南，指南上规定了每种食品制作的时限和间隔。

制作完成的食品都保存在中央运输槽内，按照包装时间的先后顺序进行排列和标序号，以确保每一种食品都不做过多的停留。而且，麦当劳还设有专门负责食品管理的工作人员，他们一边查看食品制作的规格品质，一边盯着计时器，只要保存时间一过就会提醒经理将过期的食品丢弃。

所有过期未出售的食品都会被经理丢进废品箱，同时经理需要在废品报告上记录每一天的作废产品数量，确定精确的生产数量。一直以来，麦当劳都坚持不卖味道差的食品，同时为了适应全球不同地域、不同层次消费者的口味，麦当劳也在不断改进自己的菜谱与佐料。

2. 环境方面的表达

作为世界最大的连锁快餐店之一，麦当劳十分注意保持用餐环境的整洁、优雅，并制定了标准的清洁程序。只要顾客离店，工作人员会马上清理桌面和地面，并且必须始终保持洗手间的清洁卫生、没有异味。除基本的清洁卫生外，麦当劳也尽力为顾客营造出一种温馨快乐的氛围。

从心理学角度而言，干净舒适的就餐环境不仅有助于用餐者愉快地进餐，而且能够在用餐者心里形成一个良好的印象和持久美妙的情绪体验。现在的人们用餐已经不单单是为了吃饱，用餐的氛围和整体环境也是关键的考虑因素。麦当劳充分挖掘了顾客的心理，努力营造轻松活泼而又温馨的环境，令顾客产生雅兴。

在麦当劳餐厅，很少看到桌椅整齐划一地保持一字排列，也不是毫无章法地随意摆放。麦当劳充分考虑了顾客的用餐心理，既注重个体的独立性，又注重餐厅的活跃气氛，因此每一套桌椅都巧妙地设置在特定位置。倚窗，使得用餐者能够将美丽的街景一览无遗；绕墙，使得用餐者体会多一重乐趣；围成一圈，则满足了喜爱欢乐气氛的顾客。

麦当劳力图在维持高标准的同时，尽力融入当地特色，尤其是具有格调的艺术气息。例如在纽约的格林威治，有一家麦当劳以一幅描绘艺术家的天窗绘画为主题，给人以身临其境之感。

3. 行为方面的表达

“快速、精确、友好”是麦当劳服务的 3 大要求。首先，保证在最短时间内让顾客享受到所需的各项服务，包括每位顾客排队时间不得超过 2 分钟、点餐后等待时间不超过 1 分钟、问候语总耗时保持在 32 秒左右；其次，确保每一份食物准确恰当地送到顾客手中，即使在尖峰时段也避免出现送餐差错，这是麦当劳对员工最基本的要求；最后，服务员应当随时保持善意的微笑，主动探索顾客的需求，根据顾客点餐情况提出适当建议。

细心的顾客会发现，麦当劳所有连锁店的服务柜台高度均为 92 厘米，这个高度的确定也是有科学依据的，因为 92 厘米正是人递送钱物最方便的高度。而且，就算是不消费的顾客也可以在餐厅里免费落脚，因为服务柜台往往设在后门入口处，即使不消费，顾客也不会尴尬。

4. 宣传方面的表达

在对外宣传过程中，麦当劳向顾客承诺，麦当劳出售的每一份食物都物有所值，不仅营养丰富，而且价格合理。麦当劳的乳类制品都是以纯鲜牛奶为原料，供应的咖啡也是用咖啡豆磨出来的，甜筒必须是实心的。所有食物的营养成分，如蛋白质含量、脂肪含量、非脂乳固体含量等，都必须在包装上注明，各类食物的热量也有严格的要求，营养成分按照科学比例进行配制。同时，麦当劳根据消费者越来越关注体重、健康等心理，为每一种食物标明了所含的碳水化合物、脂肪量等，鼓励顾客根据自身情况挑选合适的套餐搭配。

现在，麦当劳在美国已经成为一种美国文化，还把标志性的金黄色拱门建立到海外，成为美国服务的标志，引领了一个新的全民消费时代——快餐文化。麦当劳强调“提供更有价值的食物和服务给顾客”，不仅仅是标准化的高品质和高品位，还要有多元的新鲜感，不断适应社会环境和公众需求的变化，开发品牌的新价值，为麦当劳增加附加值。

麦当劳对于企业标准化管理文化的宣传已经在全球建立起巨大的形象价值影响力。以连锁店的选址为例，麦当劳制定了一本多达千页的规范手册，包括人口统计数据库和以此为基础的专业行销研究机构的决策系统。运用此选址系统，麦当劳能分析目标店址方圆 3 至 5 千米范围内的消费人群，充分了解行业竞争态势。

麦当劳创始人雷·克拉克曾经说过，“如果在一个行业中，有两名主管的意见一样，那么有一名主管是多余的。”这足以说明麦当劳在管理中非常重视统一标准。

麦当劳这个品牌是非常成功的。也许，人们不会认为麦当劳提供的食物是全世界最好的，但大部分人认为麦当劳是全世界最好的快餐店之一。

4.2.2 CIS 企业形象识别体系

CIS 是 Corporate Identity System 的简称，指的是企业形象识别系统，主要包括理念识别（MI）、行为识别（BI）和视觉识别（VI）三部分。三部分的关系，如图 4-5 所示。

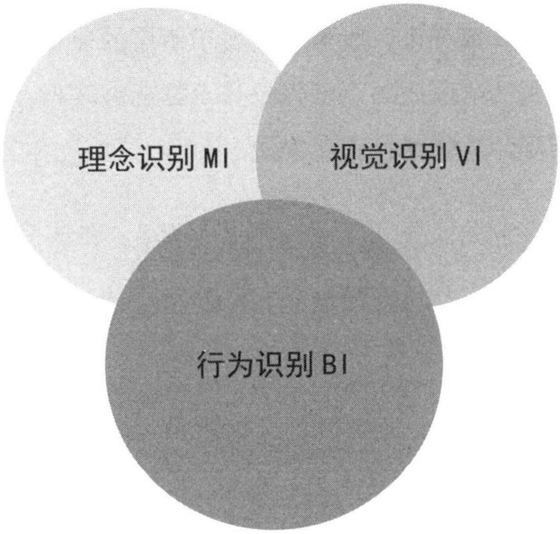

图 4-5 企业形象识别系统的三部分

通过CIS系统的导入与运作,企业可以在大众心目中塑造特有的标识,促使大众辨别、认识企业形象，强化消费者心中的品牌记忆。

20 世纪 90 年代，CIS 系统由美国引入中国后，各大企业纷纷效仿应用 CIS 系统，希望建立独有的企业风格与形象，打造具有竞争力的可视化品牌。

对企业来说，导入 CIS 系统是一个通过整体规划与视觉设计彰显企业本质风格的过程。具体来说，首先要理清并确立经营理念，然后建立行动沟通并达成共识，最后通过视觉的规划与落实塑造企业的独特形象。

下面以酒店行业为例，了解如何利用 CIS 系统打造可视化品牌。

1. 理念识别

只有在用户服务和酒店的内部沟通中真正落实酒店的文化理念，酒店的文化理念才能够传播开来，成为真正属于酒店的独特文化。因此，企业需要通过理念识别，争取让酒店里每位员工都能够认识、理解、并最终认可企业的文化理念。具体操作方法如下。

（1）企业需要向每位员工下发《员工手册》。在该手册上应当印有与酒店理念识别相关的内容，目的是为了帮助每位员工可以随时随地地学习、记忆企业的理念。

（2）在新员工入职时，企业应当开展新员工入职培训活动。在培训过程中，讲师应当参照《入职培训手册》向员工讲解相关的产品与服务知识，并结合实际案例宣传落实企业的文化理念。

（3）宣传和引导。企业文化理念的宣传和引导有很多途径，包括员工大会、培训活动等。具体到每一个部门，部门培训还可以通过微信等社交媒体展开多方渠道的宣传，使企业的文化理念深入人心。企业还应该定时开展相关课程，对员工进行酒店文化建设及规章制度方面的培训。

2. 行为识别

完成理念识别的宣传和引导后，酒店各级员工在实际落实过程中应该全身心投入，营造相应的文化氛围，以打造酒店独特的企业文化。

3. 形象识别

在形象识别方面，酒店可以设计和制作统一的员工制服、能体现酒店文化的宣传横幅、标语等，以此来宣传企业文化理念。另外，还可利用内部员工宣传栏进行宣传，提升员工对企业文化的认可度，构建可视化品牌。

在企业导入 CIS 系统的过程中，普遍存在一个问题，即片面关注视觉识别的导入与更迭，集中精力打造在公众面前的视觉形象，而忽略了理念识别与行为识别。事实上，理念识别与行为识别才是企业的内部核心竞争力。

4.3 知名品牌的组成部分

当一个新品牌具备了这 6 个组成部分，经过营销推广往往就能够成为知名品牌，受到消费者青睐。这六个组成部分包括高辨识度的 LOGO、与品牌个性相符的代言人、有号召力的价值观、有吸引力的品牌故事、一个“共同的敌人”、增强动作记忆的品牌仪式。

4.3.1 高辨识度的 LOGO

拥有一个高辨识度的品牌 LOGO，可以在消费者心里留下专属于自家品牌的烙印。回想一下脑海中的各大品牌 LOGO，首先想到的就是被咬了一口的苹果 Logo。这是因为苹果的 LOGO 不仅非常简单，而且具有高辨识度。

乔布斯在为苹果设计 LOGO 时，第一个设计描述的是一个人坐在苹果树下的读诗，在苹果树上还系有标着“Apple Computer Inc.”的飘带。但是乔布斯认为该 LOGO 过于复杂，于是决定重新设计。第二个 LOGO 是一个一半黑一半白的苹果，但乔布斯又觉得它没有创意，于是他便选择了最终版本—— 一个被咬了一口的苹果，既简约又大方，而且还蕴含着深刻的含义。

被咬了一口的苹果 LOGO 背后有这样一个故事。

在第二次世界大战中，德国人一直自以为是，觉得没有人可以破解他们的密码电报机。但是，图灵却带领着 200 多位密码学家们成功破解了德国的密码电报机。在没有使用一颗炮弹的情况下，成功解救了好几百万人的性命。

但因为图灵是一名同性恋者，他并不被那个思想保守的时代所接受，人们向他注射了大量的雌激素。不堪屈辱的图灵在咬了一口有毒的苹果之后就死在了自己的卧榻上。图灵的死对于科学界来说是一个非常大的损失，于是乔布斯便将苹果的 LOGO 设计为一个被咬了一口的苹果，以此纪念图灵。

品牌设计对于品牌塑造具有重要意义，而 LOGO 作为品牌的视觉名片，又是品牌设计的核心所在。那么，企业如何设计辨识度高、有创意的 LOGO 呢？下面一起看 LOGO 的设计要点。

首先，品牌 LOGO 应当符合企业自身定位。例如大型国企应当设计正规大气的 LOGO；互联网企业就可以走另类新奇风，设计卡通俏皮的 LOGO。在设计 LOGO 之前，应当先深入了解与分析企业的发展历程、业务等，找到准确的设计风格，然后才能达到理想的效果。

其次，品牌 LOGO 需要有高辨识度。LOGO 存在的意义就是让消费者形成品牌记忆，从而提高对品牌的认知。具有高辨识度的 LOGO 有三个共同点，即简单、包含生活中的创新元素、能体现企业或产品的特色。例如麦当劳的 LOGO（参见图 4-6），提到字母“M”，大家就容易联想到麦当劳。麦当劳的 LOGO 之所以让人印象深刻，是因为它极力追求简约，同时也保证了 LOGO 和品牌本身的联系。

图 4-6 麦当劳的 LOGO

最后，品牌 LOGO 不仅需要创意，还需要灵魂。有创意的 LOGO 会让人眼前一亮，而有灵魂的 LOGO 会让人被感动，并加深记忆。以现代汽车的 LOGO 为例，其形状很像字母“H”，这和现代的英文首字母对应。如果这个 LOGO 仅局限于该创意，会显得比较低级。其实，它还代表了汽车经销商和用户之间友好的关系，如图 4-7 所示。如果品牌 LOGO 可以融入企业的服务理念，相当于被赋予了一层精神层面的意义，它就成为了一个有灵魂的品牌 LOGO。

图 4-7 现代的品牌 LOGO 含义

LOGO是品牌的视觉名片，品牌的认知度与认可度受其设计水准的直接影响。在激烈的市场竞争中，品牌LOGO也需要灵活准确地参与品牌营销互动的全过程。

4.3.2 与品牌个性相符的代言人

找一个与品牌具有相同个性的人物代言品牌，相当于把品牌的意义人格化。回想一下众多知名品牌，其代言人都具有与品牌个性相符的特征。

以联想为例，联想曾经推出了一款带有“云笔记本”标签的联想小新笔记本，其代言人为超人气偶像鹿晗。

与以往科技产品发布会有所不同，联想小新的发布会成功引起了粉丝、媒体的关注，现场互动感十足。作为粉丝关注焦点的鹿晗当日以“小新青年盟主”的身份登场，调动了现场气氛。

对于“90后”、“00后”人群来说，手机和PC产品是他们学习、工作和生活的重要组成部分，因此他们对互联网产品的需求和依赖程度是最强的。而大部分“90后”、“00后”对于笔记本的需求已经由基础性能和外观设计拓展为越来越注重产品之间的连接性。虽然笔记本产品品类繁多，但真正可以满足这些年轻用户需求的产品依然稀缺。于是联想小新应运而生。

作为业界首款云笔记本，联想小新Air系列笔记本通过云服务技术实现跨设备之间的同步共享，更好地满足了年轻用户对于各场景应用的需求。同时，联想小新还将LTE技术应用于笔记本电脑上，保证在没有Wi-Fi或者外接网卡的情况下依然能够随时随地地轻松联网，并将数据实时同步云端。

为了加强和用户之间的互动，联想小新特意邀请鹿晗作为代言人。很明显，鹿晗年轻帅气的外貌、开朗随和的个性与联想小新的个性非常符合。关于邀请鹿晗代言联想小新的原因，联想集团副总裁赵泓说，“选择代言人时，最初的构想就是要找到在年轻人里极具代表力的。鹿晗具有一种特别青春、朝气的男孩形象，这更能代表联想希望展现给年轻群体的价值观，而不是天天泡在网上、抱着手机、不善于与人面对面交流。”

找明星代言是非常普遍的行为，但选择一个与产品个性相符的代言人则非常不容易。代言人与产品个性相符，不仅可以带动产品推广，还能更好地诠释品牌内涵。

4.3.3 有号召力的价值观

企业的价值观指的是企业在经营过程中所奉行的目标方针和推崇的基本信念，是企业员工用来判断商业行为是否重要和正确的依据，一旦设定，就不能随意改变。企业的价值观是主观的、可选择的，并由企业决策者来决定企业性质、目标及经营方式等，最终被员工接受。

企业的价值观是品牌塑造的核心内容。美国社会学家菲利普·塞尔兹尼克（Philip Selznick）说过，“一个组织的建立依靠的是决策者对价值观的执着，也就是决策者在决定企业的性质、目标、经营方式和角色时所做的选择。尽管这些价值观念并没有形成文字，也可能不是故意设定的，但是企业领导者必须善于保护并推动这些价值，只注意守成的后果一定是失败。总之，价值观维系着企业的生存，以及企业成员的价值认同。”

1939 年，帕卡德和休利特创立了惠普公司。惠普公司初期生产的是产品价格低但性能优质的声波振荡器。1997 年，惠普的销售额高达 428 亿美元，利润达 31 亿美元，在《财富》全球 500 强企业中排名第 47 位。此时的惠普已经由最初生产声波振荡器的小公司发展成为以生产电脑、打印机为主，兼营电脑设备、电子仪器等品种的跨国公司。在近半个世纪的经营中，惠普强大的企业文化对公司发展起到了关键性作用。

公司创立初始，帕卡德和休利特就明确了惠普的经营宗旨：瞄准技术市场，生产出高性价比的创新型电子仪器。在经营宗旨的基础上，帕卡德和休利特共同为公司建立了价值观和经营理论：企业发展资金的主要方式是自筹，大力促进改革与创新，强调团队协作精神。

帕卡德与休利特在为公司选拔人才时，就是以这一价值观念为标准对员工进行判断的。他们将企业的价值观念大力灌输给公司的每一个员工，最终使之成为惠普公司的核心价值观。在这一核心价值观基础上，惠普逐渐形成了独具鲜明特色的企业文化，被人们称为“惠普之道”。

“惠普之道”强调用户、股东、公司员工利益的重要性，更加重视领导人的才能以及其他各种能激发惠普创造力的因素。在这一文化系统中，惠普致力于用真诚、公正的态度对待消费者并服务于消费者；在企业内部，惠普提倡无论职位大小，人人都是平等的，都应该得到尊重；在实际工作中，惠普提倡自我管控和温和变革，不能轻易解雇员工，更不能盲目扩大规模，而是要坚持创造出一个自由的工作环境，努力形成公开民主的工作作风。

“惠普之道”及相应的经营方式极大地促进了公司发展，使得公司业绩得到稳定增长。20 世纪 50 年代之后，惠普的收入已经比创始之处增长了 100 多倍，公司市值也增加了 5 倍多，投资回报率高达 15%。20 世纪 90 年代以后，惠普公司将重点转向计算机领域。如今，惠普已经成为世界上最大的计算机、打印机制造商。

随着惠普公司规模的逐步壮大，企业文化的内涵也在不断丰富。同时，随着时代的发展变化，惠普公司的企业文化也发生了变革。20 世纪 90 年代以来，企业新一代的决策者们保留了“惠普之道”中被视为企业灵魂的那些价值观念，并根据市场发展现状，去除了一些不合时宜的东西，并加入新的内涵。

举世闻名的领导力专家约翰·科特（John P. Kotter）认为，“改革之后的新型企业文化将对市场经营新环境的合理反馈作为主流。新型企业文化与新市场环境的适应性显然是合理的。因此，它是一种比原有企业文化更高效、更好地适应市场经营环境的企业文化。”

在新型企业文化的推动下，20 世纪 90 年代之后的惠普公司又得到了空前发展。惠普公司的发展历程证明了企业价值观及企业文化的强大推动力。很多后代创业者从惠普公司案例中得到了启示，开始将有号召力的价值观作为取得成功的金科玉律。

品牌的本质就是塑造价值观，塑造梦想。有号召力的价值观可以凝聚思想，引起消费者共鸣。在这个价值多元化的时代，企业更应该重视有号召力的价值观，并建立引领用户需求的内部支持系统，感动用户，如此将无往不利。

4.3.4 有吸引力的品牌故事

企业无论大小，都需要通过故事塑造品牌。一个有吸引力的故事，能让企业的产品、品牌很快传播开来。

可口可乐是一家擅长讲故事的公司，其神秘的配方故事可以说是撑起了整个品牌。1886 年，可口可乐的配方在美国亚特兰大诞生。截至 2017 年，可口可乐配方已保密 130 多年。法国的一家报纸曾打趣道，世界上最不为人知的 3 个秘密分别是英国女王的财富、巴西球星罗纳尔多的体重和可口可乐的秘方。

可口可乐的公司领导人都将保护配方作为首要任务。可口可乐的配方据说被保存在亚特兰大的一家银行保险柜里，只有公司董事长、市长、可口可乐的指定继承人三人同时到场才能打开保险柜。还有一个传闻是没有人知道全部的可口可乐配方，掌握配方的三个人分别掌握了配方的三分之一。而且掌握配方的三个人还签署了保密协议，不能将手中的配方泄露给其他人，也不能乘坐同一个汽车、火车或者飞机，以防发生意外导致配方失传。

曾有一年，“可口可乐配方失窃案”可谓震惊了整个世界，据说可口可乐公司总部的一名员工盗窃了配方。然而，案子很快就破获了。对于这次事件的真假，大家无从验证，人们多是一笑了之：可口可乐的配方怎么可能这么容易就被盗窃！

如果说配方泄密是可口可乐的一个营销手段，那么这个营销手段不得不说是高明至极。1979 年，可口可乐开始进入中国市场。这时候，可口可乐开始在媒体上做广告。如果是其他饮料厂商，也许会讲自己的饮料多么好喝或者有营养，但是可口可乐没有这样做。可口可乐只是绘声绘色地讲述了可口可乐配方的故事，尤其是配方保护方面的手段。

当时，在报纸上做广告不是很常见，所以可口可乐神秘配方的故事很快就传播开来，人们开始将喝可口可乐作为一种时尚。随着可口可乐配方故事的广泛传播，可口可乐在短短几年的时间里成为中国市场上最著名的品牌之一。

可以发现，人们之所以钟情于可口可乐，不仅仅是因为它的口感，还因为它带给人们的神秘感。一种饮料如果单纯靠口感来营销，总有一天会被人们厌倦，但如果以故事的形式来营销，那么便会经久不衰，因为人们的好奇心是不会磨灭的。可口可乐正是明白这个道理所以它用配方的故事吊足了人们的胃口。

在研究了上千个品牌故事后，我们总结出品牌故事的七大类型，包括出生高贵型、祖传秘方型、爱情故事型、应运而生型、名字来历型、诠释卖点型、发展历程型。

1. 出生高贵型

铁木真喝过的马奶酒，杨贵妃用过的护肤精油，慈禧太后称赞过的养生丸药，英国王室使用的梳妆台……出生高贵的品牌往往其传播的范围更广、时间更久。当然，思想可以充满想象，但是一切引经据典必须要经得起推敲。

2. 祖传秘方型

提到祖传秘方，大家会立即想到神奇的疗效，鲜为人知的神秘故事。尤其是在医药界，国内普遍缺乏新药的研发能力，而祖传秘方则突破了技术、财力以及设备上的限制，解决了很多现代科学都无法解决的难题，给众多疑难杂症的患者带去了希望。因此，如果产品是根据祖传秘方配制而成，那么可以把这个品牌故事讲给大家，吸引更多消费者。

3. 爱情故事型

爱情是这个世界上永恒的主题。钻石、玫瑰、巧克力、化妆品等各种各样的产品都可以与爱情联系起来。为了当年的一个承诺，男人辛苦打拼，最终成就了一番事业；一见钟情，此后便是无数次的默默关注，几十年的单相思；突如其来的变故将两个互相倾慕的人分开，还未来得及互表心意，几年后，两个人终于再次相遇……你的品牌可以结合一段什么样的爱情故事？如果爱情故事可以打动消费者，那么品牌的知名度往往不会差。

4. 应运而生型

应运而生型的品牌故事通常是这样的："对不起，我们来晚了！我们没有早点为您提供更优质的产品，非常内疚！随着时代的发展进步，人们的生活水平逐步提高，但是环境越来越差，亚健康的人们越来越多。在××问题越来越严重的情况下，我们深入市场进行了广泛研究，集合多名专家的研究成果，最终建立了××品牌，希望帮您解决××问题。"

如果你的产品能够帮助用户解决一个长久以来给用户带来烦恼的问题，那么不妨告诉大家"对不起，我们来晚了"，向大众讲述一个应运而生型的品牌故事。

5. 名字来历型

"想知道我的品牌为什么叫这个名字吗？想知道我的品牌倡导什么精神吗？一个悠久的名字来历故事将告诉你一切。"如果公司有一个好名字，那么不妨为其包装一个名字来历型的品牌故事，增强消费者心中的品牌印象。

6. 诠释卖点型

对消费品来说，诠释卖点型的品牌故事应用范围最广。设计理念、产品原料、生产工艺、服务理念等都可以构成产品的卖点，并将其包装进品牌故事里。卖点不同，诠释卖点型的品牌故事就不一样，吸引的消费者类型也不一样。唯一相同的是，消费者都获得了奇妙的情感体验。

7. 发展历程型

一家企业的发展历程就是一个感人至深的故事，这也是品牌故事的经典类型之一。品牌的前生今生，历史记载陪伴着品牌逐渐走向世界。发展历程型的品牌故事可以让消费者感受到企业深厚的文化底蕴，提升对企业产品的信任度。发展历程型的品牌故事足以让用户为之震撼，并将对企业的敬仰转化为对产品的信赖，从而成为产品的忠实用户。

4.3.5 一个“共同的敌人”

每个人都有自己恐惧的事情，例如担心失去财富、担心身体健康受损、担心肥胖、担心皮肤衰老、担心孩子学习不好等。如果品牌可以从这些人们最害怕的问题入手，树立消费者与品牌“共同的敌人”，那么会很容易俘获消费者的心。

一个“共同的敌人”能够把消费者与品牌联系在一起。对于王老吉来说，这个“共同的敌人”是“上火”；对于碧生源来说，这个“共同的敌人”是“肥胖”；对于平安人寿保险来说，这个“共同的敌人”是“生命威胁”。总而言之，寻找“共同的敌人”的最好方法就是让消费者意识到平时被忽略的威胁。

发生 H7N9 禽流感疫情时，舒肤佳洗手液广告特别火，广告里到处都是细菌传染：乘公交车、公园里玩耍、带小孩时，一不小心就染上细菌。将人体局部放大之后，一个个细菌像虫子一样爬来爬去，让人心惊胆战。

舒肤佳就是通过建立“共同的敌人”——细菌，才打响了品牌的知名度。舒肤佳让消费者看到了被细菌传染的世界，使消费者都陷入自我忧虑中，然后提出了解决问题的方案，那就是每天洗脸、洗手、洗澡要用杀菌的香皂——舒肤佳。

舒肤佳告诉人们有效地洗手才是保障健康的最佳方式，暗示洗手使用舒肤佳是关键，可以消毒、杀菌。如今，舒肤佳已经成为人尽皆知的品牌，其产品在各大超市都可以看见。

人都向往快乐，逃避痛苦，但往往对于痛苦的事情铭记最深。制造“共同的敌人”就使得消费者内心产生恐惧，从而提升品牌知名度。

4.3.6 增强动作记忆的品牌仪式

高辨识度的 LOGO、与品牌个性相符的代言人、有号召力的价值观、有吸引力的品牌故事、一个“共同的敌人”，这些足以让消费者对一个品牌产生深刻印象。但是，消费者依然需要一定的仪式来增强动作记忆，强化品牌信仰。比如苹果公司的仪式包括但不限于在专卖店排队购买、每年一次的新产品发布会等。

马云表示，将“双 11”打造成一个节日，并且持续下去，就是为了使消费者感受到仪式感。仪式对于品牌塑造具有重要意义。例如一家健身俱乐部，规定了完成的任务却并没有组织聚会活动，那么会员既不知道怎么见面，也不能形成固定的行为习惯，他们对俱乐部的依赖程度就会降低。

如果一个品牌的仪式已经融入进了消费者的日常生活中，那么可以肯定的是，这个品牌在消费者心目中具有不可替代的地位。品牌仪式的独特作用主要体现在四个方面：帮助企业与消费者共创价值、增强消费者的归属感、增强品牌与消费者之间的情感关联、增强消费者的品牌忠诚度。

品牌仪式主要是通过增强消费者的动作记忆发挥作用的，因为重复性的“动作记忆”很容易让人上瘾。唇膏效应就证明了这一点：很多女性在短时间里要拿出唇膏涂抹好几次，这样做不是因为她们所在的地方气候干燥，而是因为她们对“拿起唇膏涂抹”这样的仪式行为上了瘾。

那么，如何培育受欢迎的品牌仪式呢？企业培育品牌仪式应当遵守一些基本原则，如图 4-8 所示。

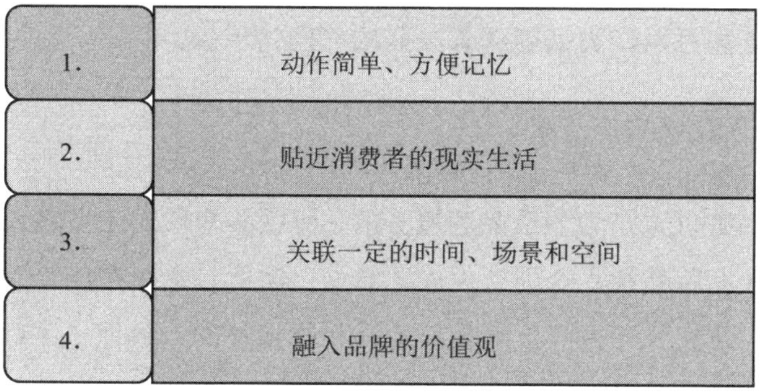

图 4-8　企业培育品牌仪式应当遵守的基本原则

1. 动作简单、方便记忆

动作简单的品牌仪式容易被消费者接受，并在潜意识中形成印记，不容易遗忘。另外，这种简单体现在企业和消费者可以通过多种方式推广和传播品牌仪式，以保持品牌仪式化行为的稳定和持久。

2. 贴近消费者的现实生活

要知道，消费者愿意做出相关的仪式化行为是有原因的。如果品牌仪式生硬、复杂和冗余，那么消费者是很难接受的，因为这与现实生活不相符。所以，企业在培育品牌仪式时所设计的仪式化行为应该贴合消费者的现实生活。

3. 关联一定的时间、场景和空间

品牌仪式具有社会性，其与一定的时间、空间及场景相关联。社会性有助于品牌仪式产生锚定效应。所以，企业在培育品牌仪式时，可以联系特定的时间和场景，设计仪式化行为。一天中的特定时间和场景，比如晨起、早餐时、坐地铁时、工作时、健身时、晚餐时等，另外特殊节日、生日和婚礼等都可以作为品牌仪式关联的时间、场景。

4. 融入品牌的价值观

培育品牌仪式是为塑造品牌服务的，所以品牌仪式应当融入品牌的价值观，反映品牌精神，否则就失去了意义。因此，企业在培育品牌仪式的过程中，应该充分考虑到仪式化行为和品牌精神的一致性，尽量把仪式化行为与消费者所处的社会文化相融合，这有助于消费者产生情感共鸣，进而产生情感关联。

对企业来说，培育一种适合消费者的品牌仪式，相当于建立了消费者与品牌间的情感关联。这样可以帮助品牌建立差异化优势，塑造差异化的品牌形象，进而提升品牌竞争力。

5

实现品牌价值的途径

对品牌运营者来说，品牌管理的终极目标是实现品牌价值，而品牌价值的实现离不开一定的途径。尽管不同品牌的品牌价值不尽相同，但是实现品牌价值的途径都是相同的。下面一起看实现品牌价值的常见途径。

5.1 产品满足消费者需求

品牌价值的实现建立在实现产品价值的基础之上。而产品价值的实现则要求产品能够满足消费者需求。

5.1.1 针对痛点解决消费者需求

简单的说，痛点就是消费者在正常生活中遭遇的麻烦、纠结和抱怨，如果不能将问题解决，他们就会陷入一种负面情绪中，产生痛苦。因此，消费者需要一种解决方案化解自己的痛点，使自己的生活状态恢复正常。产品如果能够针对用户痛点提供解决方案，那么消费者就会买账，并有可能进一步成为品牌的拥护者。

比如，胃痛、胃酸、胃胀等是人们生活中经常遇到的一种病症，胃病使人们面临着痛苦，如果不能有效解决就无法正常生活。斯达舒通过“胃痛，胃酸，胃胀，就用斯达舒！”的广告语直击消费者痛点，提供了问题的解决方案，逐渐被消费者认可。每逢过年，人们都要给长辈送礼，而经常纠结了半天却不知送什么好，这是广大消费者的一个痛点。脑白金通过直击痛点的广告语解决了消费者送礼的纠结，从竞争激烈的营养品中跃然而出，成为了消费者送礼的第一选择。

总而言之，消费者的痛点就是那些在日常生活中担心、纠结、不方便以及影响身心健康的问题。品牌运营者要做的，就是发现消费者的问题，然后告诉消费者：我的产品可以解决你的问题，只要你有这种问题就选择我。

某厨房电器品牌新上市了一种吸油烟机，短期内收到消费者大量投诉，原因是吸油烟机的滤油网在使用过程中出现了问题。厂家通过调查发现，在设计产品时，吸油烟机采用了镀漆铁丝作为滤油网的制作材料。这样一来，降低了油烟机的生产成本，但是在高温、高腐蚀环境下油漆会出现剥落现象。

油漆剥落的问题严重影响了厨房美观，还妨碍了滤油网的清洁工作，消费者对此很是不满。然而，如果要更换全新的过滤网，不仅在模具开发方面有很大困难，还会造成市场的反弹。品牌运营者对此煞费脑筋，如何化解这个痛点又能起到维护品牌的效果呢？

最终，该企业做出重大决定，每年都可以为消费者免费更换一次滤油网。这样也丰富了品牌内涵，实现消费者“免拆洗”的消费诉求。这样一来，产品本身的质量问题得到了很好的解决，同时又让消费者感受到了厂家贴心的服务，赢得了消费者口碑，实现了品牌在市场竞争中的差异化优势。

针对痛点解决消费者的需求可以为企业赢得更多消费者，但是如果把握不好产品和服务的痛点，就会适得其反。所以，品牌运营者要找准消费者的痛点，然后提出解决方案，实现产品价值。

5.1.2　马斯洛需求层次理论与品牌价值

马斯洛需求层次理论的提出者是美国心理学家亚伯拉罕·马斯洛(Abraham Maslow)。他把人类的需求层次按照从高到低的顺序分为五层，分别是：生理需求、安全需求、社交需求、尊重需求和自我实现需求，如图 5-1 所示。下面对五个需求层次的特点进行分别论述。

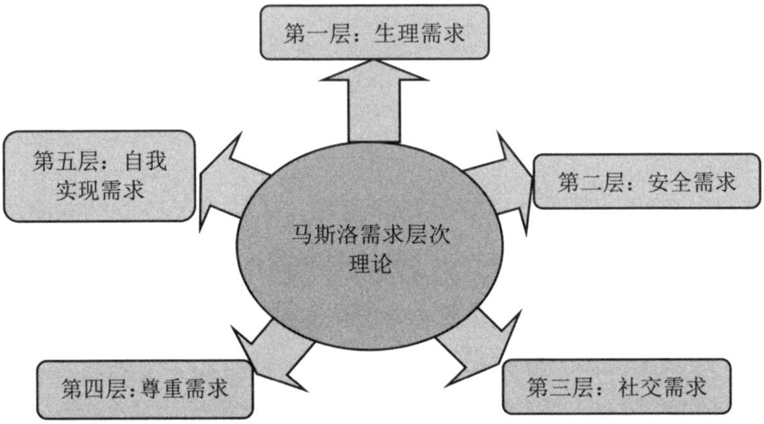

图 5-1　马斯洛需求层次理论

第一层：生理需求

生理需求属于最低需求层级，在这一层级市场里消费者对产品没有太高的要求。一般来说，产品只要具有一般功能，就可以满足这一层级市场里的消费者。

第二层：安全需求

安全需求属于第二层需求层级，在这一层级市场里的消费者不仅要求产品具有一般功能，还极其关注产品对自身的影响。

第三层：社交需求

社交需求属于第三层需求层级，在这一层级市场里的消费者对交际有着显著需求，消费者的关注点在于产品是否有助于提高自己的交际形象。

第四层：尊重需求

尊重需求属于第四层需求层级，这一层级市场里的消费者关注的是产品的象征意义，属于高端消费人群。为了满足自己的尊重需求，消费者往往拒绝大众化产品，选择小众、高端类产品。

第五层：自我实现需求

自我实现需求属于第五层需求层级，也是最高层级，这一层级市场里的消费者拥有自己固定的品牌需求层次。例如香奈儿（Chanel）就代表了女性对自我价值的永恒追求，因此任何一个成功女士几乎都有一款甚至多款香奈儿包。

从品牌层面上说，企业经历了从产品思维到市场思维，再到用户思维的一个变化过程。根据马斯洛的需求层次理论，产品思维和市场思维主要满足前两种需求，用户思维主要满足后三种高层次需求。从产品思维到用户思维，品牌价值逐渐增大。

产品思维指的是以产品形态来满足用户某种需求的思维模式。产品思维的特征是通过梳理多维度思路的方式把焦点放到产品上，力求以新颖实用的产品最大限度满足广大用户不断增长的物质需求和精神文化需求。

不断提高生产力水平是工业时代就产生了的要求。由于生产力水平的提高依赖于统一标准化的生产，所以在工业时代，产品思维是企业典型的思维模式。机械化流水线生产的产品有着数量上的要求。因为产品数量越大，生产成本越低，市场竞争力越强，而这就要求产品必须有巨大的市场。因为要满足巨大的用户量，需要使产品功能的覆盖面非常大，这样才能吸引不同功能需求的用户。

在产品思维支配的工业时代，品牌的着眼点与聚焦点必须放在产品上。也就是说，品牌的根本关注点是“物”，而不是“人”。正因为如此，企业以用户需求为中心，更别提做到人性化了。一方面，如果企业是通过将产品功能最大化、用户范围最大化来表现核心价值的话，那么该企业肯定不能满足用户的个性化与差异化需求。另一方面，不管企业多么努力，都不可能仅用一个产品满足用户更广泛、更全面的需求。

通过以上分析，我们发现产品思维的局限性很大，这就决定了相应的品牌价值会比较低。随着社会的发展，传统的产品思维已经越来越不能跟上需求变化的脚步。于是，市场思维开始出现。满足用户需求的聚焦点不再局限在某一个产品上，这是市场思维与产品思维的最大不同。市场思维着眼于市场层面，期望用多种产品来满足用户的需求。也就是说，市场思维满足不同用户不同需求的方式是使用一批具有差异化的产品。

相比于产品思维，市场思维更适应市场需求，但本质上来说，市场思维也只是一种优化了的产品思维。市场思维关注的焦点从一个产品变为多个产品，但关注的仍然是产品，是“物”。市场思维，是后工业时代的典型思维。

在互联网时代，用户思维已经成为主流的思维模式。用户思维是指以围绕用户整体需求的方式从根本上满足用户的需求。用户思维的特征是通过梳理多维度思路的方式来聚焦用户，并从产品、服务、文化和思想等各个层面来满足用户不断变化增长的、个性化与差异化的物质需求及精神文化需求。

相比于产品思维和市场思维，用户思维已经有了本质上的变化。用户思维的关注点已经从“物”转向了“人”，思维的聚焦点也从产品层面转向了用户本身。用户思维力求从物质和精神两个层面来满足用户的需求，让用户愉悦地收获知识、提高思想、升华精神，这便是用户思维的真谛。

当前市场上流行的用户思维与真正的用户思维还是存在一定差距的。用户思维并不是指简单地站在用户的立场去设计打造产品，很多企业对用户思维都存在理解偏差。海底捞则是一个真正贯彻了用户思维的品牌之一。

海底捞带给用户良好的体验感、优越感、快乐感甚至信任感（用户认为哪一道菜的味道不好，企业会无条件相信并且换掉）。海底捞并非以利润为前提，而是以用户的开心和满意为中心。到海底捞用餐的顾客大部分都不是因为它的火锅有怎样的美味，而是因为海底捞这个品牌所提供的优质服务。

海底捞若能在参与感上再多花费一些工夫，让到店的顾客可以以火锅为话题讨论、聊天，并以游戏互动的方式让顾客情绪高涨，使得顾客可以在聊天、游戏的过程中发现乐趣，甚至是挖掘出自己隐藏的内在潜能，突破原来的自己，那么海底捞便能真正达到应用用户思维的境界，成为一个具有更高价值的品牌。

在如今这个时代，符合时代潮流的品牌应该是以用户思维为核心的品牌，也是那些会颠覆传统品牌、具有更高价值的品牌。

5.2 提升品牌价值的 4 种手段

通过产品满足消费者的需求是实现品牌价值的最基础方式。除此之外，还有 4 种手段可以明显地提升品牌价值，下面进行介绍。

5.2.1 寄托人们情感的品牌最值钱

美国市场调查研究人员曾对100名消费者做了一个测试，让测试者在可口可乐和百事可乐两种产品之间做选择。研究人员通过测试发现，如果蒙住测试者的眼睛，他们更喜欢选择百事可乐；但如果让测试者看到公司商标，则75%的人更喜欢选择可口可乐。

在测试过程中，研究人员对被测试者的大脑进行了扫描，发现可口可乐的商标能够引发与行为控制有关的反应，即大脑部位会发生回忆有关自我形象的剧烈活动。而百事可乐的味道尽管得到了大多数人的认可，但却并没有对被测试者大脑中行为控制的部位产生影响。

之所以发生这种微妙的现象，是因为品牌这个无形的东西影响了消费者。消费者如果对一种品牌寄托了情感，就会通过不断购买的方式宣泄这份感情。如果企业能够让消费者对自己的品牌产生情感，那么企业就相当于获得了一件制胜法宝。

对品牌运营者来说，如何打造寄托消费者情感的品牌呢？

通过文化引发消费者的情感是一种常用手段。例如著名品牌七匹狼的广告语“七匹狼，男人的世界”，在中国几乎家喻户晓。该广告语通过深厚的文化底蕴触动了广大男性消费者心里狼性文化的那根弦，使得品牌及产品很快获得了大量男性消费者的情感认同，从而激发了他们的购买欲望，占据市场竞争中的有利地位。

打造寄托消费者情感的品牌是一个系统行为。例如广告语需要包含情感认同、促销活动需要有情感互动、产品包装需要有感性风格等。

具体来说，品牌运营者可以通过商品命名、设计、宣传等方式来引发消费者的情感共鸣。例如“红豆”这一内衣品牌的情感定位，在命名、设计及宣传等各个环节中都将“红豆生南国，春来发几枝，愿君多采撷，此物最相思”这一情感定位贯彻到底，让消费者感到了浓烈的人情味。

情感在品牌影响中的特殊作用人尽皆知，对消费者具有强大的行为号召力。

5.2.2 带来提升自我形象的优越感

在香港工作的年轻白领 X 小姐，年薪超过十万元，每次出国出差或者旅游都要在海外各大奢侈品商店“淘宝”，例如意大利的芬迪（FENDI）、法国的路易威登（LOUIS VUITTON）等国际大牌，鞋子、衣服、首饰均价格不菲。像 X 小姐这样的消费者近年来越来越多，他们在购买产品时更看重的是品牌是否能带给他们提升自我形象的优越感。

Roseonly 是一个品牌价值较高的玫瑰品牌。同样是玫瑰，市场上卖几块钱一只都可能无人问津，Roseonly 却卖几百一只。不优惠，不打折，就是那么贵，可也总是供不应求。

Roseonly 就利用玫瑰的引申意义为消费者带来了提升自我形象的优越感。玫瑰不仅是玫瑰，它更多的是代表深入人心，如钻石的永恒，Roseonly 的唯一。所以任它高高在上，依然有大量消费者慕名购买，只为满足他们提升自我形象的优越感。

由于 Roseonly 迎合了消费者的心理，所以男人刷卡时的豪爽，女人美丽时的满足都在购买 Roseonly 玫瑰的时候展现了出来。

香港大学心理学教授杨中芳提出：人类都有两种自我评价机制，分别为内在的和社会的。人们一般会更注重社会评价，因此也特别注重自我形象。于是在消费上就产生了开奔驰的比开桑塔纳的有钱，住别墅的比住楼房的地位更高，而打高尔夫球的比打乒乓球的更有品位等心理印象。

品牌运营者如果能够让自己的品牌为消费者带来提升自我形象的优越感，就能很好地促进销量，提升品牌价值。

5.2.3 满足社交需求

人们每天在麦当劳吃掉的汉堡包有4000万多个；每天有将近100万人光顾迪士尼专卖店；立顿红茶每秒钟就被喝掉1200多杯；万宝路香烟每年的销售超过3000亿支……

在社交场合，很多人其实在了解对方身份的时候并不需要依靠对方的名片，也不需要听对方的自我介绍，只需打量其身上所穿所戴的服饰品牌就能猜测对方的性情和品味。这是因为每个品牌都具有专属的个性和气质，热衷于某一品牌的人往往会和该品牌的个性相契合，例如从对方驾驶的汽车品牌就能猜出车主的身份和大致性格。

驾驶法拉利的人往往是活跃分子，他们喜欢发表自己的看法，野心勃勃但从不掩饰；驾驶奔驰的人可能就比较务实一些，他们具有更强烈的家庭观念，但也有可能是政府机关要员和企业的高层管理员；而驾驶沃尔沃的人则通常性情稳重，低调而理性。

与男性相比，女性更倾向出于社交需求而购买品牌产品。她们喜欢社交生活，喜欢和朋友交往。她们认为社交使得生活更有意义，希望通过购买品牌产品而让自己在社交生活中大方得体。

尤其在一段爱情里，这些女性为了爱人而购买奢侈品牌，认为奢侈品牌能带来美好体验，营造良好的氛围。甚至可以说，如果一个品牌在社交需求方面的作用比较显著，那么这个品牌的价值就相对较高。

5.2.4 营造稀缺感

营造稀缺感是提升品牌价值的重要手段。例如爱玛仕品牌打造的“永恒，爱人”(Birkin) 手袋，因为原材料来自海外并且制作工艺复杂，所以极为珍稀。还有一些品牌会限制供应量以保持市场的需求力度，例如让人又爱又恨的法国香水品牌香奈尔（CHANEL）。

在日本，街头时尚品牌经常通过营造稀缺感来促进营销，提升品牌价值。虽然街头时尚服装并不出自著名设计师之手，但因其款式新潮，样式炫酷，受到年轻人的喜爱。

日本街头品牌“A Bathing Apein Lukewarm Water”(后面简称为“Bape”)的东京店里，每次接待 10 名顾客，其他人则站在门外排队等待。货架上的产品会在前一批人离开后立即进行更换，然后让下一批顾客进入。通过这种方式，该店营造了一种类似于在展览馆参观的氛围。

让一件价值 400 美元的牛仔裤变得炙手可热是 Bape 的成功关键。因为该牛仔裤的款式只生产几百件，而且全球只有某几家门店出售。

Bape 的缔造者长尾智明（Nigo)，是日本“东京性手枪（Tokyo Sex Pistols)”乐队的鼓手。他擅长将那些具备商品化可能性的产品变得抢手。

英国运动鞋生产商锐步公司发现并肯定了他的这种才能。长尾智明还与N.E.R.D乐团队的成员法瑞尔·威廉姆斯（Pharrell Williams）联手为锐步设计了名为“Billionaire Boys Club”的限量版运动鞋品牌，并处于锐步RBK生产线中的核心地位。借助该品牌，锐步赚取了高额利润。

在中国，小米就是一个擅长营造稀缺感的国产手机品牌。小米手机虽然配置相对较高，价格几乎接近成本，但发售量却很小。在每次开售前，小米都会先在网上进行大量宣传，想要购买的用户需要提前预约。在这种稀缺氛围之下，小米的用户几乎都会产生一种恐惧感，怕抢购的用户过多而买不到手机。这也是出现百万名小米用户同时在线“秒杀”小米手机壮观景象的原因。

小米手机从来不会卖不出去，每次开发的几百万部手机几乎被秒抢。而且小米是根据订单生产的，没有过多的库存。小米的成功经验告诉我们，营销稀缺感有助于促进产品销售，减少库存，并进一步可以提升品牌价值。

那么，品牌运营者如何给产品营造稀缺感呢？

首先，了解产品是否真正属于具有稀缺性的产品。稀缺性产品一般是指具有排他性，并且难以复制又无可替代的产品。如果产品满足了其中某一方面的要求，那么企业就可选择提取产品的稀缺特质，将其推向市场。越是稀缺的产品越不容易讨价还价。如果产品本身并不具备稀缺性，那么企业就可选择从产品的材料、质量、价格等基本属性入手。

其次，通过时空转移为产品营造稀缺感。同一件产品，如果放在两个地点，就可能卖出两个相差很远的价格。因为它满足了不同消费者的不同需求，所以就创造出了不同价值。一瓶矿泉水批发时只需几角，摆在超市里可以卖两元，在自助售卖机里就卖三元一瓶，而在酒店里则最少要十元。

企业应该发挥敏锐的市场洞察力，为自己的产品找到其稀缺的市场，间接提升品牌价值。只要给产品找对地方，它就能变成稀缺产品，其品牌价值也会提升。

5.3 普通货如何卖出高端价

随着消费水平的提高，人们都倾向于购买优质品，但这并不意味着便宜的普通货就没有了市场。普通货的营销方式一般有两种：一种是以超低价的方式打动消费者；另一种是以高端形象的方式来包装产品，从而卖出高端价。本节所要谈论的问题就是企业该如何将普通货卖出高端价。

5.3.1 塑造内行形象

为什么很多消费者从来都不买便宜的普通货？原因之一就在于他们害怕使用这样的普通货会有损自己的面子。为了消除“面子”这个阻碍，普通货可以通过塑造内行形象这一策略来满足消费者的面子心理，同时该策略还能让产品卖出高端的价格。

大众甲壳虫就曾经使用过这个策略。其宣传海报上写道，“你因为收入太高而不便购买吗？有些人的收入很高，完全可以买一部贵出大众甲壳虫好几倍的汽车，但他们却并没有这样做，这是因为他们已经找到了最好的汽车。他们心中最好的汽车是这样子的：性能稳定、价格实惠、舒适安全、不常送修，即使送修其费用也不会很贵。大众甲壳虫就完全符合这些特征，而且还能帮助他们剩下一笔钱，这又何乐而不为呢？”

面子是普通货的一大阻碍。要想卖出高端价，品牌运营者必须先想办法消除该阻碍因素。以普通白酒为例，若只强调超低价，那这就相当于直接告诉消费者来买这个酒的原因是因为你不想花钱。消费者若把该白酒拿上餐桌就会产生丢面子的感觉。鉴于该白酒的阻碍因素没有被根本消除，消费者就会选择价格更高的酒，以证明自己舍得为朋友花钱。

为了消除面子危机，低端白酒可以强调“如果你懂酒，就会注重口感而不是标签”或者“如果你懂酒，就会注重工艺而不是广告”。这样一来，消费者会更乐意接受。因为里面暗含的信息是：我买低端白酒不是因为我不想花钱，而是因为我懂行、不会被广告忽悠……

综上所述，塑造内行形象是帮助普通货卖出高端价的有效手段。当消费者碍于面子而不买你的产品时，你得让他们觉得“外行才用高价品，没必要花冤枉钱。”

5.3.2 利用群体的影响力

人们在选择电影时，豆瓣上电影的评分高低会直接影响人们对电影的选择；APP的榜单对下载量有很大影响；淘宝上无人问津的产品往往刷单量很低。

群体成员的行为一般都会表现出跟随群体的趋势。当很多人抢购一种产品的时候，其他人就会觉得产品好而前去购买。即使产品不如想象中的那么好，他们也不会很失望，因为很多人都在用。这就是群体带给消费者个人的影响。

比如男孩儿本来不舍得给女朋友买名牌包，但是看到广告片，男主角比自己还要贫穷，但依然省吃俭用，偷偷攒钱给心爱的女友买了她心仪已久的包，于是觉得自己也应该给女朋友消费升级，买一个名牌包。

促使消费者买便宜的普通货也是这个道理。如果消费者发现通常只买高档产品的人都买了这种普通货，而且还形成了一种“新时尚”，那么他们就更有可能打消内心的迟疑，去购买普通货。

再比如，主打低价实用而不是奢华的大众甲壳虫，其某一经典文案中有一段这样的内容，“华盛顿的惊人内幕——华盛顿超过 1200 名外交官都在驾驶这种小轿车。”于是，消费者就会打从心底里接受大众甲壳虫。

因此，如果你发现消费者因为某些内心阻碍而不愿意消费你的普通货，那么就需要考虑：可以让哪些不会使用这种普通货的人使用？

5.3.3 变换归类

有的时候，我们的普通货卖不出去并不是产品不够优秀，而是思维太局限。试着打开你的思维，给产品变换归类，或许就会有不同的结果。例如让普通消费者花几百块钱买一个杯子是几乎不可能的，但 S’well Bottle 却把杯子做成了装饰品，这样消费者就不会感觉价格昂贵了。

普通货也可以使用这个方法，通过给产品变换归类的方法让消费者感到买这个产品并不会失面子。以肯德基为例，肯德基推出低端咖啡时，比星巴克的咖啡便宜很多。在星巴克所主导的咖啡行业内，肯德基咖啡显得很不上档次。在这种情况下，肯德基给咖啡变换归类，声明咖啡所满足的需求不应该是好看，而应该是提神。这样一来，肯德基卖的咖啡就不会显得低端，同时销量也得到了明显提升。“只要觉醒，不拗造型”便是肯德基的主张（参见图 5-2）。

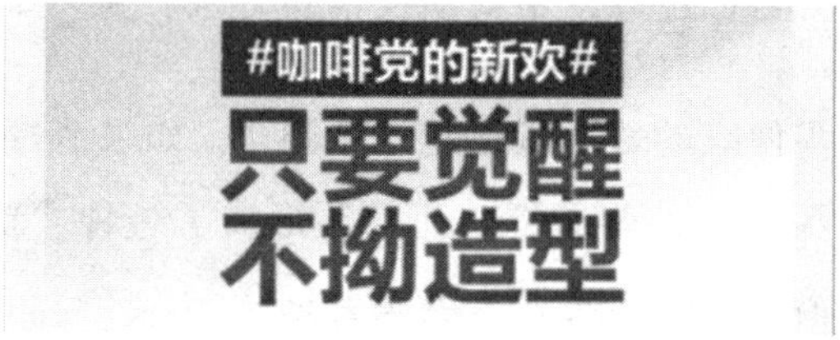

图 5-2　肯德基的主张

由此可见，给产品变换归类的方法有助于普通货得到消费者的认可。例如安踏“穿耐克上场，穿安踏训练”的文案就是利用了变换归类的方法。在“训练”这个需求下，消费者并不会觉得买安踏运动鞋会失面子。

6

微品牌战略三阶段

企业实施微品牌战略都需要经历三个阶段，包括初期、发展期和成熟期。在初期，企业要专注于打造爆品；在发展期，企业要注重优化服务；在成熟期，企业应关注供应支撑。

6.1 初期：爆品策略

小米、苹果、优衣库、酒仙网等都是依靠爆品策略一路走来的。在塑造微品牌过程中，打造一款爆品是非常有必要的。对处于互联网信息时代的企业来说，想要打造成功的微品牌，首先需要把一款产品做到极致。

6.1.1 爆品是打开局面的最佳方式

研究所有大品牌的成功历程可以发现，在其发展的历史里，都曾经有一个爆品充当先锋。以化工企业巨头杜邦为例，其靠康宽这一个爆品就使得杜邦的全球排名急速上升。

一旦有了爆品，那么品牌的知名度就会快速提升，渠道资源、销售人才等也都会加速聚集过来，为企业后期发展壮大带来更多机会。三个爸爸就是依靠一款儿童空气净化器打入市场的，现在的发展非常不错。下面一起看三个爸爸是如何发展起来的。

北京的雾霾问题一直困扰着生活在这里的人们，尤其是初为父母的年轻人。戴赛鹰、陈海滨、宋亚南就是三个被雾霾困扰的新晋奶爸。

戴赛鹰、陈海滨、宋亚南在 2014 年 2 月的一个雾霾天聚在北京的一家咖啡馆里谈论着自己的孩子。正式升级为父亲，他们心里都非常快乐，然而当谈起雾霾对小孩造成的伤害时，他们就流露出深深的担心，表示几乎不敢带小孩出门。其中，宋亚南称他的宝宝出生之后因为雾霾而引起了呼吸道疾病，几次进入医院治疗。每次陪孩子去看医生，宋亚南都非常揪心，有说不出来的痛苦。

于是，三人商量着一起去买空气净化器。他们把市场找遍了都没有找到满意的去除 PM2.5 和甲醛的净化器。专门做空气净化的李洪毅告诉他们，市场根本没有可以处理空气中全部有害物质的净化器，这让三位爸爸非常失落。为了让宝宝们不再受雾霾的侵害，三人决定组建一支专门开发儿童空气净化器的团队，研发出能够真正保护儿童呼吸系统的净化器。

三个爸爸先在众筹网上发布了这一创意，上线之后受到很多家长的关注，并且他们表示愿意购买。这就意味着这个创意非常好，产品研发出来之后有很大的市场需求。得到众人支持之后，三个爸爸团队开始研究市面上的净化器，经过比拟后研究设计出一套套方案，再经过反复推敲商议，最终设计出了一款适合儿童的净化器。由于这款产品是由多位爸爸设计研究出来的，所以就命名为“三个爸爸儿童专用空气净化器”。

产品、产品方案、市场方向都有了，缺的只有资金。三个爸爸团队除拿到了张震的 1000 万美元投资外，还在京东众筹平台通过众筹的方式，令项目在结束时总共筹集到了 1200 万元。三个爸爸儿童专用空气净化器项目刷新了国内众筹最高金额，并成为国内第一个千万元级产品众筹项目。资金到位后，三个爸爸第一款儿童专用空气净化器诞生。

三个爸爸儿童专用空气净化器之所以成为爆品，是因为三个爸爸在打造产品的过程中每一环节都做得很到位。无论是前期的策划、筹集创业资金，还是后期产品研发与推广，每个环节都没有一丝疏忽与怠慢。

2016 年 9 月 7 日，三个爸爸在北京发布新品——零臭氧智氧新风机 M160。新风系列新品由三个爸爸联合奥运冠军田亮共同研发，得到了牛文文、江南春、薛蛮子、胡海泉、那威等大咖的一致好评。截至 2017 年，三个爸爸已经成为国内知名儿童净化器品牌，在市场上占有较大份额。

移动互联网时代给产品人带来了前所未有的机遇，一个爆品就可以带动用户。只要找对用户痛点，让用户参与爆款的研发，当产品做出来之后，用户就会自发进行病毒式传播。最终的结果就是一个爆品聚集起一批忠实粉丝，建立起品牌与粉丝之间的关系，这是包括三个爸爸新风机在内的所有爆品都顺应的规律。

6.1.2 打造爆品的 4 种方式

并不是卖的好，就可以称之为爆品。爆品应该满足 3 个特征：销量远远高于竞品；创造全新的用户体验；成为热门话题。下面一起看打造爆品的 4 种方式，如图 6-1 所示。

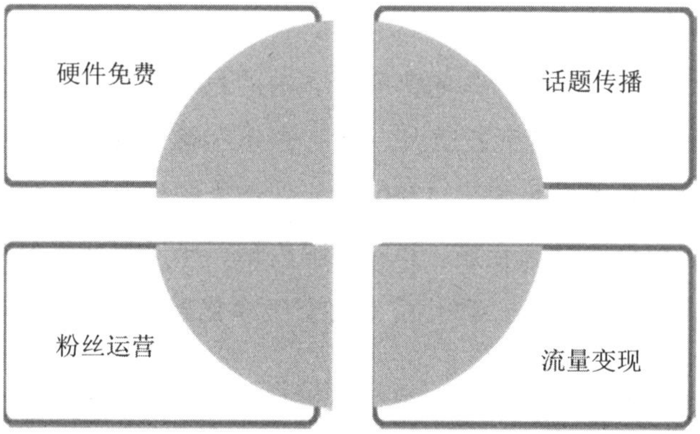

图 6-1 打造爆品的 4 种逻辑

1. 硬件免费

一个产品要想成为爆品，首先需要让大家一看就产生购买欲。怎样达到这一要求呢？在消费者对某类产品已经产生了清晰的评价标准基础上，硬件免费是非常有效的。硬件免费相当于企业直接出售服务与内容，而产品作为附赠品，从而对竞争对手形成了降维打击。

以乐视为例，推出了“4·14 硬件免费日”买会员送硬件的活动。也就是说，用户在乐视花钱买内容和服务，承载这些内容的电视机或手机就可以作为硬件送给用户。例如“购买 2499 元的乐视会员（5 年 2 个月）就赠送一部价值 2499 元的乐视手机（比如乐 Max)”。

对乐视来说，通过硬件免费吸引用户的目的是赚取广告费、会员费、合作推广、自建内容输出等利润。相比之下，通过销售硬件赚取的微薄利润是可以放弃的。

2. 话题传播

做爆品应当通过话题传播建立口碑，而不是通过砸广告。以三个爸爸为例，在产品面世之前，三个爸爸进行了一系列社会化媒体推广活动。首先通过微播易平台，三个爸爸收集 100 多个养生类、母婴类京津冀地区的微信公众号，在这些公众号中投放产品的相关内容，覆盖 2500 多万名目标消费人群；其次，在优酷平台，三个爸爸组织了一场名为《决战优酷之巅——净化论》的视频论战，由戴赛鹰与那威围绕“空气净化器是否为精神产品”主题进行辩论。针对此次辩论，大量 KOL（关键意见领袖，Key Opinion Leader）进行了转发，吸引更多人的关注。

企业如何才能让自己的产品在用户间形成口碑呢？非常关键的一点是，找出自己的产品在哪一方面具有话题优势。如果没有，产品就很难成为爆品。

3. 粉丝运营

做爆品离不开粉丝运营。例如小米玩的就是粉丝经济。通过小米的微信公众号，人们可直接预约购买小米各个型号的手机和进行话费充值、订单查询等。然而，小米的微信公众号追求的终极目标并不是这些功能。小米公众号运营团队的客服人员只有 9 名，这 9 名客服人员每天都要对上百万名粉丝的留言进行回复。

小米的粉丝在一晚上的时间里就能产生上万条留言，小米公众号客服人员需要在第二天对这些留言进行回复。当这 9 名小米公众号的客服人员每天早晨打开电脑登录小米公众号的后台时，意味着忙碌的工作就开始了。粉丝们的留言千奇百怪，比如询问小米手机如何购买，询问刷机用卡刷还是线刷好……小米的微信公众号后台会自动抓取这些留言中带有“订单”、“刷机”、“快递”等字眼的留言，并分配给不同的客服人员，由客服人员一对一地回复微信用户。

通过微信公众号，小米与粉丝之间的互动联系得以增强，同时也令粉丝的品牌忠诚度进一步提升，小米公众号每月一次的大型活动都会有超过 40%的小米粉丝参与。小米的销量通过微信公众号的互动得以大幅提升。

4. 流量变现

在做爆品的过程中，企业会获得巨大的用户流量。但是关于流量应该怎么赚钱，企业还需要根据自身产品设计合适的方案。例如电商 APP 可以把用户流量转化为购买力，通过产品销售赚钱；视频服务提供商可以通过用户流量赚取广告费等。

打造爆品背后还有很多逻辑，企业需要思考清楚。

6.2 发展期：服务优化策略

通过爆品打开市场之后，企业进入发展期。此时，企业就需要采用服务优化策略，提升品牌知名度，壮大企业实力。

6.2.1 扩宽宣传渠道

除话题传播外，在资金允许的情况下，企业需要通过多种渠道宣传品牌和产品。下面看 4 种宣传渠道，如图 6-2 所示。

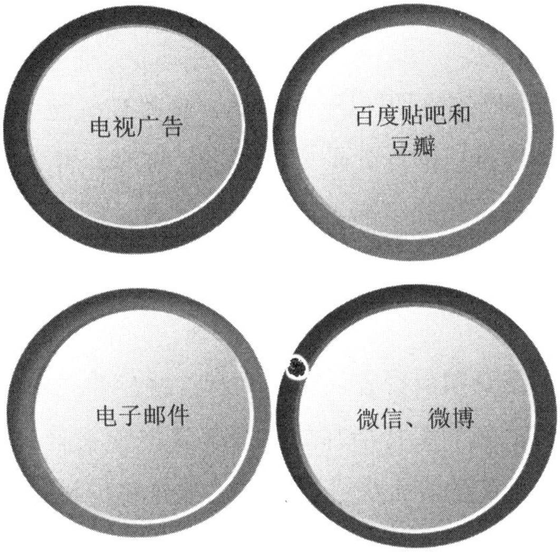

图 6-2 品牌和产品的 4 种宣传渠道

1. 电视广告

很多产品的电视广告每天都会播出很多遍，这样消费者就会有很深刻的印象，下次购买同类产品的时候就会考虑广告所宣传的品牌。一般来说，电视广告需要反复去做，这样才能起到宣传推广的作用。比如恒源祥的电视广告连播三遍，广告语——恒源祥、羊羊羊，很快就能让消费者记住企业品牌叫恒源祥，生产羊毛纺织产品。

2. 贴吧

品牌运营者可以通过发帖子、回答消费者问题，增加产品人气。例如销售一款化妆品，可以夸赞它怎么好用，价格实惠，量多等。例如有关巴黎欧莱雅的百度贴吧贴子“【正品欧莱雅分享】100%正品低价-未来，不等待！超值特惠！”就是利用贴吧来为产品增加粉丝数量的。

3. 电子邮件

一些电商品牌常常利用电子邮件做营销推广，例如乐蜂网、亚马逊、淘宝等。电子邮件推广的好处是可以群发，省时、省力、省钱。消费者可以通过邮件直接进入品牌官网，形成购买行为。

4. 微信、微博

有些品牌是需要和消费者互动的，对这些品牌来说，微博、微信也许是最适合的渠道。例如美特斯邦威向消费者推荐衣服，让消费者看样式、摸面料、试穿，还在微信公众号上发送优惠券和折扣信息。这样，消费者就更愿意购买美特斯邦威的衣服。良好的互动会让消费者对产品感兴趣，提升品牌忠诚度。

无论是哪一种宣传渠道，需要注意的是，宣传内容必须和消费者产生关联。例如护肤品牌宣传自身产品是纯天然的，也就是告诉消费者该产品是无化学添加的保证安全的护肤品，消费者可以放心使用；又如某电动车品牌告诉消费者电池耐用、储电量大，意味着消费者可以骑很多年，值得购买。

6.2.2 建立服务标准

浙江温州曾发生过一起火锅店服务员开水烫伤女顾客的事件。当晚，当事人和家人在某火锅店就餐。当事人因为在火锅里加汤的问题与服务员发生了纠纷。于是，服务员一气之下从厨房里取了开水倒在当事人身上，致使当事人全身被烫伤。

顾客是上帝的观念依旧是如今市场所推崇的。作为服务员，本应该摆正心态，为顾客的利益着想。

科技的进步和经济的发展造成了市场竞争的加剧。现在的顾客和以前不同了，现在的市场也和以前不同了，主导方由以前的卖方转变为如今的买方。

企业应该意识到顾客是产品及服务的消费者，是销售行业的衣食父母，是支撑企业运营下去的根本力量。企业想要生存下去，离不开顾客的信任与支持。因此，企业要从顾客的角度出发，尊重顾客的利益，以最端正的态度为顾客服务，从而提高产品销量，增加企业的收入。

沃尔玛（Walmart）可以在过去的几十年里从美国的一家小镇商店发展成为全球最大的零售商，是因为顾客至上是他们一直坚持的基本信仰。这是沃尔玛产品畅销世界 27 个国家，每周服务两亿多位顾客的秘诀。

沃尔玛进行了无数次的调查研究，了解不同地区的顾客在生活中关心或担忧的问题。创始人山姆·沃尔顿（Sam Walton）先生经常在店里和顾客直接交流，通过观察他们的购物篮发现销售中存在的问题。

“顾客是上帝”，这要求企业要在满足顾客物质需求的同时，还要关心顾客的精神需求，即人文关怀。如果一个商家对顾客嫌贫爱富、以貌取人，那么顾客很可能会越来越少。“顾客是上帝”要求企业和商家对顾客一视同仁，不论国家、种族，平等相待，绝不歧视。

把顾客当作上帝，对企业最基本的要求是诚信。顾客希望企业的产品是优质的，而不是所谓的无商不奸，为富不仁。如果一个市场充斥着假冒伪劣、坑蒙拐骗的现象，那么企业也难以发展。所以，企业把顾客当作上帝，就必须守诚信，绝不能欺骗消费者。

6.3 成熟期：供应支撑

在品牌发展的成熟期，供应支撑是最关键的内容。一方面，企业需要维护现有的产品，保证产品的持续销售；另一方面，企业需要持续输出用户喜欢的产品，壮大品牌的产品群。

6.3.1 库存保持在合理范围

在互联网时代，产品的变革速度非常快，一种产品一旦生产出来就可能已经过时了，规避产品过时风险的重要手段之一是库存控制。如果一个企业能够保持库存的高速运转，那么它就创造了真正的价值。举例来说，如果你有 10 天的库存量，而竞争对手有 50 天的。这时，新一代产品诞生，那么你就可以领先 40 天打入市场，占取市场先机。

连锁零售品牌 ZARA 在库存控制方面做得非常好。ZARA 于 1974 年成立，在最近几年的时间里成功打破时装巨头的垄断，成为了时尚品牌领头羊之一。ZARA 的成功有多重原因，其中包括：高效的企业组织管理；垂直一体化的出货模式；强调生产速度和灵活性；不打折、不打广告的独特营销策略；以顾客为导向等。对 ZARA 的成功发挥着至关重要作用的当属其灵敏的供应链系统。

其供应链系统使得ZARA的前导时间——从设计到把成衣摆在柜台上出售的时间大大缩短。6 至 9 个月是中国服装业的一般前导时间，国际名牌的前导时间大约为 4 个月，而 ZARA 的前导时间却只有 12 天，最快的时候甚至可以将时间缩短为 7 天。ZARA 所具有的灵敏供应链优势让其他服装品牌相形见绌。虽然有很多国际服装品牌巨头都想要学习 ZARA 的模式，但是没有一个成功。

ZARA 每年大约推出 12000 种时装，但每一款时装都限量。即便是热销的款式，ZARA 供应的数量也都是有限定的。一般来说，一家 ZARA 专卖店中每一款式的衣服只有两件，卖完以后也不会补货。限量发行的邮票可以提升集邮品的价值，ZARA 与之有异曲同工之妙。这种制造稀缺的方式，也为 ZARA 带来了一大批忠实粉丝。

为了令供应链变得更加灵敏，ZARA 斥巨资打造出一体化的供应链系统。西班牙是 ZARA 的生产基地，在其他低成本地区生产的只有 20 种基本款式的服装。ZARA 拥有 20 个高度自动化的染色与剪裁中心，那些人力密集型的工作则被全部外包给周边的家庭作坊和 500 家小工厂。ZARA 所拥有的绝妙物流系统将这 20 个高度自动化的染色与裁剪中心和周边家庭作坊、小工厂完美地连接了起来。

ZARA 将集聚了 500 家代工终端厂、20 家布料染色、剪裁中心的方圆 300 千米的地下都挖空，在地下架设传送带网络。ZARA 对这个生产基地的投资需要达到几十亿欧元。高效的物流系统将最新的布料准时送达终端厂，以保证完成 ZARA 的前导时间要求。很多服装品牌之所以想模仿但却无法模仿 ZARA 的重要原因之一就是因为缺少这样投资巨大的生产基地。

ZARA 可以保证成品服装在欧洲市场两天内送达，而对于美国和日本市场，ZARA 则借助空运来加快传送速度。ZARA 品牌正是因为这种大生产思维而让其他品牌服装望尘莫及。ZARA 的零售并没有特许经营，而只设置专卖店。每周，专卖店会依据自身销量情况下两次订单，使得需要降价处理存货的机率以及库存成本都大幅降低。

ZARA 快速更新的款式增加了人们的新鲜感，确保了货品能符合广大消费者的品味，吸引消费者不断购买。对于传统制造业来说，“品种少，批量大”是不变的准则，而在新零售时代，“款多量小”却越来越受到人们的欢迎。凭借灵敏的供应链，ZARA 创造了新零售时代的成功模式。

当然，库存量并不是越低越好。企业应当本着既能满足市场需求，又能降低运营成本的原则将库存保持在合理范围内。这样一来，有助于企业在竞争激烈的行业中保持较大的市场份额。

6.3.2 “得到”产品规划心得

作为一个大型互联网知识社群，罗辑思维的互动形式包括知识类脱口秀视频及音频、微信公众号、贴吧、微商城等。罗辑思维主要为“80 后”、“90 后”服务，把许多人格健全、阳光向上、拼搏上进、爱智求真的年轻人聚集在一起，同时又以“有趣、有料、有种”为口号，推崇自由主义和互联网结合的思维，倡导用独立、理性的思维方式思考问题。

罗辑思维于 2016 年 1 月上线了知识服务应用——“得到”，这是一个 40 人左右的独立运营团队。“得到”的商业模式是付费订阅，即用户只有付费才能阅读平台上的内容。“得到”平台上的内容分为图书干货提炼、音频、全本书三类内容。王烁、王煜全、李翔、和菜头、刘雪枫等内容提供者已经入驻该平台并提供付费的订阅内容，其订阅价格多为 199 元/年。“得到”APP 的业务自上线以来就发展地非常迅速。例如《李翔商业内参》在上线的仅三个月内便获得了 7 万名用户，1400 万元营收。

罗振宇于 2017 年宣布将重大改版。罗辑思维原来的视频脱口秀节目将周播长视频改成单集 8 分钟以内的日播音频，并且其内容只在罗辑思维旗下的知识服务应用“得到”APP 独家更新，不再在其他音频、视频平台上更新。

关于内容付费是否是一门可持续的生意，业界一直有比较大的争议。

对此，罗振宇是这样说的：“从媒体角度来理解内容付费，这是从免费到付费的转折。但是从出版、教育行业来理解这件事，根本就不存在这个转折，知识从来都是要付费的。产品的逻辑从来都是这样，你买一个 Office 软件，就真要把它的产品功能全部用尽？很少人有那个本事。这是产品化世界的逻辑，这是我的第一点回答。”

罗振宇还给出了第二个回答：“‘得到’已经实质性地提高了知识产品付费比例，而且是极大地提高。当免费的微信公众号打开率在 5%左右时，我们单篇文章的平均打开率已经将近 30%了。像卓老板（《卓老板聊科技》专栏作者）就是造就了奇迹，90%以上的打开率，这是我对这个方面质疑的回答。所以结论是，你要切换逻辑看这门生意，我认为它是可持续的。”

7

微品牌蓝海战略

蓝海战略是最适合微品牌长远发展的品牌战略。比起进入竞争白热化的红海市场，创新和发掘新型市场是避开过度竞争、拓展盈利空间的有效手段。新型市场就是蓝海战略下的蓝海市场。在蓝海市场里，品牌需要以用户为中心创造并满足用户的新需求。

7.1 什么是蓝海战略

超越传统产业竞争，开创全新市场的企业战略蓝海战略指超越传统产业竞争，开创全新市场的企业战略，其最早由欧洲工商管理学院的W·钱·金（W. Chan Kim）和莫博涅（Mauborgne）在《蓝海战略》一书中提出。蓝海战略认为“聚焦红海是在被局限的市场里求胜，否认了商业世界开创新市场的可能”。运用蓝海战略，可以跨越当前的竞争边界，利用价值创新开创一个无人争抢的市场空间。

7.1.1 成功的蓝海战略具有 3 个特征

成功的蓝海战略应当有 3 个可以相互补充的特征，分别为重点突出、另辟蹊径、主题令人信服。若企业所实施的蓝海战略并不具备这三个特征，那么就可能造成企业秩序混乱、随波逐流以及产生高昂的成本费用。美国西南航空公司很成功地实施的蓝海战略，具体分析如表 7-1 所示。

表 7-1

特　点	解　释	示例（美国西南航空）
重点突出	伟大的战略都有重点	友好的服务、速度、频繁的点对点直航
另辟蹊径	为追赶对手而制定战略将失去独特性	将按照枢纽辐射航线的传统结构改变为中型城市之间直飞
主题令人信服	清晰传达战略信息	飞机的速度，驾车旅行的价格

重点突出是任何一项伟大战略的特征。通过分析企业的战略轮廓就可以发现这一重点。以美国西南航空公司的战略轮廓为例就会发现，该公司重点强调友好的服务、速度和频繁的点对点直航这三点内容。

在突出这些重点的同时，美国西南航空公司还参考了汽车运输费用进行定价。在食物、候机室和座位选择方面，美国西南航空尽可能地节约成本，而不像传统竞争者那样在这些方面进行大量投资，这就使得美国西南航空公司在价格上具有难以超越的优势。而其他航空公司的投资重点相比较之下就显得过于分散，导致自身被竞争者牵着鼻子走，最终造成成本高昂的局面，失去竞争优势。

当一个公司的战略是为了赶超竞争对手而制定的，那么其战略就变得千篇一律。想想大部分航空公司的食物和商务舱、候机室，是不是大同小异：在战略布局图和竞争对手的压力下，采用与竞争对手相似的战略轮廓。对美国西南航空公司来说，竞争对手的战略布局图上都是同一类战略曲线。

与之相反，企业应当另辟蹊径，采用价值曲线与众不同的蓝海战略。美国西南航空公司开辟了中型城市间的直飞，而此前，整个行业是按照枢纽辐射航线的传统结构运转的。就这样，美国西南航空公司把自己的战略轮廓与行业的一般战略轮廓区分开来。

一个好的战略主题应当令人信服。美国西南航空公司制定的主题是“无论何时，我们提供的都是飞机的速度和汽车的价格。”而竞争对手的主题是什么？试想一下，可能是标准服务的食物、座位选择、候机室、中转枢纽、较高的价格等，那么该如何将这些因素融合成令人印象深刻的宣传主题呢？最好的广告公司也许都难以做到。

令人信服且印象深刻的主题不仅能清晰地将战略信息传达出来，还应该实事求是，否则就难以取信于消费者。一个强有力又令人信服的主题是检验蓝海战略是否有效的最佳方法。

7.1.2 蓝海战略的 6 项原则

蓝海战略的 6 项原则：4 项战略制定原则和 2 项战略执行原则。4 项战略制定原则是重建市场边界、注重全局而非数字、超越现有需求、遵循合理的战略顺序，2 项战略执行原则是克服关键组织障碍、将战略执行作为战略的一部分。下面一起看这 6 项原则的具体含义。

1. 重建市场边界

在蓝海战略执行的过程中，企业重建市场边界的路径有以下几种。

（1）产业：跨越他择产业看市场

蓝海战略认为，一家公司的竞争对手不仅包括同行业其他公司，还包括提供他择产品（Alternative）或服务的公司。例如电信运营商为了推销数据服务推出具有一键上网功能的手机，与其他品牌手机形成了竞争。

（2）战略集团：跨越产业内不同的战略集团看市场

按照战略集团的概念划分，一个市场可能会分为高端、中端、低端，而大部分企业会受到这种战略集团划分的影响。蓝海战略认为，企业应当突破这种限制，搞清楚是什么因素决定了顾客对高端、中端和低端消费品的选择。

（3）买方群体：重新界定产业的买方群体

蓝海战略认为，买方是由购买者、使用者和施加影响者共同组成的买方链条。所以，企业不应当只关注购买者，而不关注最终用户。

（4）产品或服务范围：跨越互补性产品和服务看市场

蓝海战略认为，互补性产品或服务蕴藏着还未发掘的需求，企业要分别在用户使用产品之前、使用产品时、使用产品之后分析他们都有哪些需要，从而挖掘并满足一种新的需求。例如某公司发现维护费用的高低直接影响公交车的销量，而不影响公交车本身的价格。于是该公司使用玻璃纤维车身来提高公交车本身价格，令维护成本降低，因而受到了市场欢迎。

（5）功能情感导向：跨越针对卖方的产业功能与情感导向

蓝海战略认为，产业教育的结果对市场调查反馈具有直接影响，因此企业可以尝试挑战现有产品的功能与情感导向，或许能够发现新空间。在情感层竞争，可以试着去除一些元素，使之功能化；在功能层竞争，则可以把一些元素情感化。例如针对男性的理发服务，日本快美发屋取消了按摩、饮料等服务，专注于理发，从而减少理发时间和降低理发价格。

（6）时间：跨越时间参与、塑造外部潮流

蓝海战略认为，企业不应该只关注现阶段的竞争威胁，而应该从商业角度洞悉技术与政策潮流将会如何改变获取顾客的价值，如何影响商业模式等。

2. 注重全局而非数字

注重全局而非数字，这就要求企业在绘制战略布局图时要通过用视觉形式来表现其在市场中的战略定位，以激发企业中各组织人员的创造性，将视线引向蓝海。下面是企业战略视觉化的步骤，如表 7-2 所示。

表 7-2 企业战略视觉化的步骤

1. 视觉唤醒	2. 视觉探索	3. 视觉战略展览	4. 视觉沟通
• 绘制现实战略图，将业务项目与对手比较； • 看看战略需要做出哪些改变	• 走进基层，实地探索； • 观察他择产品和服务的优势； • 找出需要剔除、创造和改变的元素	• 绘制新的战略布局图； • 听取顾客（包括对手的顾客）和非顾客的反馈； • 吸取反馈并修改	• 将战略转变前后的轮廓打印在纸上，分发给员工； • 支持那些实现新战略的项目和措施

3. 超越现有需求

为了找到最大的蓝海市场，企业不仅需要关注顾客，还需要关注潜在的顾客。这些顾客可以分为三个层次。

第一层次：徘徊在企业市场边界的“准顾客”

这些“准顾客”只是最低限度地使用现有产品和服务，直到找到更好的选择。

第二层次：有意回避市场的“拒绝型顾客”

这些顾客因为不接受市场现有产品或服务或经济承受能力不足而拒绝购买。

第三层次：远离市场的“未探知型顾客”

大多数企业都不会把“未探知型顾客”当做目标顾客，而是把他们归于其他市场。

4．遵循合理的战略顺序

要让战略制定可变为战略执行获得蓝海利润，就必须遵循合理的战略顺序。合理的战略顺序分为买方效用、价格、成本和接受，如表 7-3 所示。

表 7-3 合理的战略顺序

买方效用	**问题**	**产品和服务是否有杰出的效用，是否有令人信服的购买理由**
	方法	测试买方体验周期的六个阶段：购买、配送、使用、补充、维护、处置，评估。在这六个阶段中，可以用顾客、生产率、简单性、方便性、风险性、趣味和形象等作为指标。
	实例	福特 T 型车为普通大众设计，用于日常生活而非周末郊游，它坚固耐用且全天候轻松行驶
价格	**问题**	**价格是否使大众轻松承受**
	方法	列出他择产品或服务；找出大众价格范围，在该范围内考虑法律、资源保护、模仿程度，从而确定价格。
	实例	美国西南航空公司不需要申请专利，不需独家资产，其定价于价格下限，并且比照驾车旅行价格
成本	**问题**	**成本结构能否满足目标成本**
	方法	简化运营、寻找合作伙伴和改变产业定价模式
	实例	Swatch 手表突出时尚，大幅减少了内部机械成本
接受	**问题**	**创意付诸实施会遇到哪些关于用户接受方面的障碍**
	方法	培训员工，与商业伙伴和大众展开讨论
	实例	摩根士丹利与雇员公开讨论企业面对互联网挑战所应采取的策略

5．克服关键组织障碍

执行蓝海战略需要面对四重障碍：一是认知；二是资源有限；三是缺乏有干劲的员工；四是来自强大的既得利益者的反对。根据威廉 · 布拉顿所领导的纽约警察局 20 世纪 90 年代的变革，蓝海战略推出了引爆点领导法，以此来克服关键组织障碍。引爆点领导法的应用过程如表 7-4 所示。

表 7-4 引爆点领导法的应用过程

关 键 点	方 法	实例（纽约警察局）
冲破认知障碍	亲身体验严酷现实，用负面刺激改变态度和行为	布拉顿让警察局高中级官员搭乘地铁上下班以感受混乱的地铁系统
跨越资源障碍	热点：资源投入少，却能有效提高业绩； 冷点：资源投入高，对业绩影响甚微； 互通有无：将两个领域的剩余资源互换	一个警察平均花 16 个小时把嫌犯带到市中心法院办理手续，布拉顿设置改装成微型警局的拘捕车，使警察拥有更多的巡逻时间
冲破动力障碍	保龄球中央瓶：把努力方向对准关键影响力的人物； 鱼缸管理：将中央人物置于聚光灯之下； 任务微型化：让人们相信执行战略是力所能及的	布拉顿将 76 位指挥官作为关键人物，每两周举行一次遏制犯罪评估会，形成强烈的业绩表现文化
推倒政治障碍	分清蓝海战略的损失者和受益者	布拉顿联盟媒体和市长，说服法院受理轻微犯罪案例，确保治安环境好转

6. 将战略执行作为战略的一部分

蓝海战略最根本的行动基础是组织基层员工的态度和行为。企业若要让员工认同战略，不产生对执行新战略的恐慌情绪，就必须创造一种充满信任和忠诚的企业文化。企业若要在基层建立信任与忠诚，促进资源合作，就要把战略执行作为战略的一部分。制定和执行战略的有效方法是“公平过程”，员工态度和行为所受“公平过程”的影响如表 7-5 所示。

表 7-5 “公平过程”对员工态度和行为的影响

战略制定	邀请参与——解释原委——明确期望
态　　度	信任与忠诚
行　　为	自愿合作——超越本职工作的贡献
战略执行	超出期望、自愿执行

在战略制定过程中，“邀请参与”表达了管理层对员工的尊重；“解释原委”让所有相关员工了解战略决策为何如此制定；“明确期望”讲解新的工作准则，包括如何评价业绩和奖惩等。

围绕“公平过程”原则组织制定蓝海战略，需要在最开始就将战略执行作为战略的一部分，以此来提高战略的执行效率。

7.2 蓝海战略实战分析

战略设计者讲究“运筹帷幄之中，决胜千里之外”。企业的蓝海战略的核心在于前瞻性布局，这种布局能够避开竞争对手的锋芒，挖掘属于自己的金矿。下面一起看蓝海战略分析。

7.2.1 四步框架法塑造全新价值曲线

以经典案例“西少爷”为例。“西少爷”是一个肉夹馍品牌，其在2016年获得了1150万美元的融资，估值过亿元。而现在又有一个小吃品类开始寻找自己的蓝海。

人们用“天上龙肉，地下驴肉”的说法来赞扬驴肉的营养价值，但是“驴肉火烧”一词却通常被认为是低端食品的代名词。

对北京的一家叫“倔驴帮”的驴肉火烧店的运营者来说，这恰恰是自己的蓝海切入点。

与街边的驴肉火烧店相比，“倔驴帮”驴肉火烧店直接在商场运营，装修风格很精致，产品包装也有格调。普通的小店客单价约为15元左右，而他们能够做到 30 元；70 平米的小店，仅靠这一款产品实现每月流水 45 万元。

驴肉火烧市场是片红海，不代表高端驴肉火烧不能是蓝海。这是运营者的挑战，因为他需要重新打造产品价值曲线，原价值曲线如图 7-1 所示。

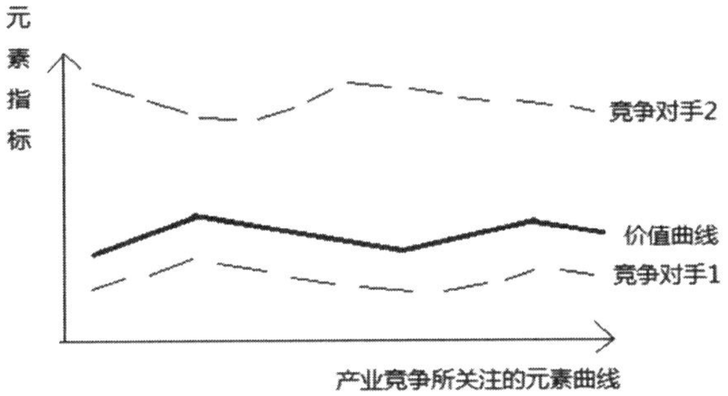

图 7-1　产品价值曲线示例

从投资的角度来分析，由于各类产品投资侧重点与各类消费者的需求侧重点不同，所以每一类产品的价值曲线都是不同的，而正是在这些彼此不同的曲线背后，蕴藏着商机。

这正是“倔驴帮”驴肉火烧店核心竞争力所在。传统的驴肉火烧店存在三大痛点，一直无法解决。

（1）假肉问题。由于驴的生长周期长，购买成本高，为了降低成本，有些店面使用其他肉类冒充驴肉，这对整个市场是个非常严重的冲击。

（2）地摊化规模庞大。传统经营者将其定位为街边小吃，运营成本低，但是很难形成品牌效应。

（3）供应链缺失。由于驴的生长周期长，导致愿意养殖的农户越来越少，无法形成规模化运营。

这三大痛点，注定了驴肉火烧市场需要一场变革。小吃品类“品牌化”发展就需要解决这些行业痛点，“倔驴帮”对此各个击破。

（1）假肉问题及供应链缺失问题的解决。倔驴帮直接与东阿阿胶合作，东阿阿胶掌握了中国 90%的驴产业方面的资源。

（2）去地摊化。除搬进高大上的场地外，他们还对生产机器进行改造，实现了“去厨师化”的傻瓜操作。

（3）包装设计简约化。著名设计师设计出极简、环保的手提袋，让传统的小吃变得简约化。

结合这个案例，重新回到价值曲线的分析。通过创造差异化产品，满足用户的新需求，进而创造出全新价值曲线，为品牌找到蓝海商机的方法，即四步框架法，如图 7-2 所示。

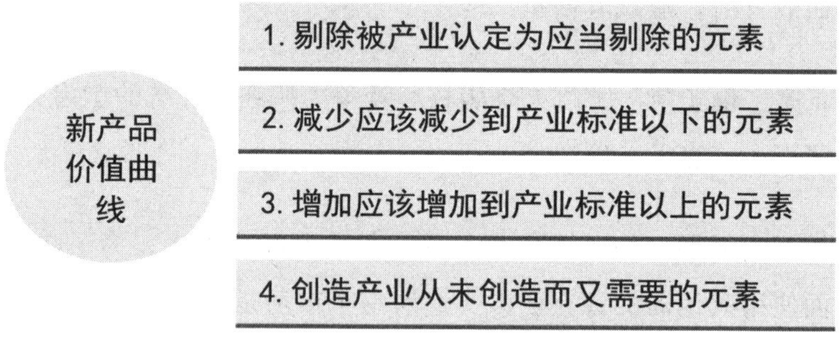

图 7-2　四步框架法流程图

第一步，剔除。找到那些被行业普遍接受而实际上却可以被剔除的元素。这简直就是任何形式创新的第一步。当技术、消费者观念等发生变化，让一些此前在行业中被认为理所当然的元素不再具有价值时，要第一时间剔除。这相对于反应迟钝的巨头而言，船小好调头的微品牌具有天然的优势。

第二步，减少。找到那些可以将比重降低到行业标准以下的元素。这在逻辑上显然是第一步的顺延，有些元素虽然要继续保留，但难免也会存在诸如功能或服务存在过度设计的情况，它所提供的远远超过一般消费者所需求的，造成成本浪费，这时就需要将它降低到行业标准以下。

第三步，增加。找到那些需要将比重增加到行业标准以上的元素。正如哲人说的，退一步是为了进两步，前两步的剔除与减少，也是在为第三步的增加做铺垫。找到那些只要提升到行业标准以上便能大幅提升用户体验的因素，在成本可控的条件下尽量满足。

第四步，创造。添加在行业内从未使用过的新元素。创新，总要有一些人家没有的东西，这也是日后能提供品牌溢价并源源不断吸引消费者购买的最主要因素。

总的来说，为了能够系统地探究行业的成本边线、重组消费者的价值因素、为用户提供更为优质的体验，企业需要按这四步框架走，而其中剔除和创造是最为重要的两个因素。

7.2.2 全新价值曲线的有效性与可操作性

不过看过上面这张流程图之后，可能很多人会想，这四步框架法也没有什么新奇的地方，哪一种所谓的创新理论不会提到这些想法呢？这也没错，世间很多理论看起来都没有什么稀奇的地方，难的是实施过程。

经过研究我们发现，很多品牌即使有这样的意识，在实施过程中也很难保持住。太重视与竞争对手相比，而在比较的过程就会忘了剔除与降低那些不必要的元素，反而习惯性陷入攀比竞争元素的泥沼，结果不仅成本上升，商业模式也更趋复杂，微品牌无从谈起。

我们在思考完哪些是要剔除、减少、增加和创造的元素以后，还应填写四步坐标格，以解答四步框架法中存在的问题并给出对应的行为措施。

下面来讲述一个马戏团的案例。图 7-3 是太阳马戏团在四步框架法之后做出的坐标格，通过调研发现，很多马戏团推崇的动物表演和明星表演如今对观众的号召力已经相当微弱，甚至动物表演已经引起观众们的厌烦情绪，而动物表演和明星表演的演出花费又十分高昂，核算之下利润微薄，太阳马戏团果断进行剔除。

图 7-3　太阳马戏团四步坐标格

相比之下，独特又有新鲜感的场地，低廉的票价以及有主题的演出方式、艺术性的音乐和舞蹈在目前的演出市场上还没有被满足，那么这两方面内容的增加和创造便可使用剔除动物表演和明星表演。如此，太阳马戏团便找到了属于自己的独特优势，每到一地演出时都能引起轰动。

下面，以黄尾葡萄酒为例，看看该产品如何在强手如云的竞争氛围中画出一条将品牌引向蓝海的价值曲线。

黄尾葡萄酒画出的全新价值曲线如图 7-4 所示，其余两条“高端葡萄酒价值曲线”和“经济型葡萄酒价值曲线”是基于市场上 1600 多家葡萄酒品牌调研后的结果。从图中已经可以清晰地看出，经过剔除、减少、增加、创造 4 个步骤，黄尾葡萄酒的价值曲线脱颖而出。随后两年的市场销量验证了这一曲线。

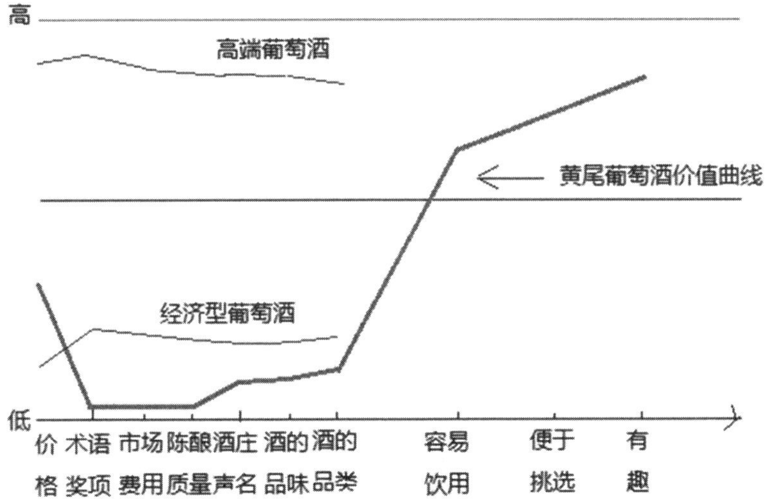

图 7-4 黄尾葡萄酒全新价值曲线

事实上，黄尾葡萄酒作为刚刚进入市场的新品牌，在奖项、酒的种类、酒庄名声、市场费用这些传统元素中并不占上风，所以便直接将它们进行剔除和减少，而在易于饮用、方便挑选、有趣和价格等方面增加和创造优势。

最终基于这条全新的价值曲线，黄尾葡萄酒在市场上的表现，并非作为一款葡萄酒来宣传，而是作为一种老少咸宜的大众饮品来宣传，此法吸引了那些本来不喜欢葡萄酒的消费者变为黄尾葡萄酒的忠实用户。由此该葡萄酒开拓出了一片全新的市场。

所以，无论驴肉火烧、马戏团，还是葡萄酒的蓝海战略案例，都充分说明了价值曲线的有效性及可操作性。

7.3 三大执行策略

蓝海战略讲求三大执行策略，包括价值创新策略、市场细分策略、差异化竞争策略。下面分别讲述这三大执行策略的具体内容。

7.3.1 价值创新策略

价值创新策略指的是企业通过将视线由供给转向需求，策略上由赶超竞争对手转向给用户提供个性化服务来实现价值创新。以突破现有竞争边界的方式来寻求新的市场，从而规避当前市场的过度竞争，开创新的市场空间。价值创新策略要求企业以较低的成本为用户提供个性化服务，从而实现价值创新的突破，它是蓝海战略的具体执行策略之一。

企业实现价值创新的途径有许多，例如创新商品组合（包括增加功能、增加服务、改变产品定位、改变交易方式）、定义新目标市场（新顾客划分方式、新的地理区隔）、价值链的重组与价值活动的创新、重新定义顾客的认知、引进新科技或提升产品平台等。

三只松鼠通过价值创新策略做成了深受消费者喜爱的互联网食品品牌。三只松鼠的创始人是章燎原，作为第一批由传统领域转向互联网领域的著名营销人士之一，章燎原发掘了众多人才，这些人才的聚合使得三只松鼠拥有了一个强大的企业团队。

三只松鼠团队在红海中挖掘蓝海，最终将坚果类市场中的碧根果市场作为自身的定位。三只松鼠之所以能够成为坚果市场最具代表性的电商品牌与碧根果市场的扩大有直接关系。碧根果等新一代坚果市场虽然可算作一个红海，但因为缺乏具有领导性质的品牌具有非常大的潜力。袋装坚果市场和散货坚果市场属于坚果市场的两个二级细分市场。

散货坚果市场的代表是实体店中的炒货铺而非电商品牌。这种实体坚果店的典型特点是品牌较为弱化、产品需求具有不确定性以及购买便捷。而袋装坚果市场的典型代表如实体品牌——来伊份（主营业务为休闲食品），该品牌的典型特点就是口味独特、需求稳定和综合质量要求高。

袋装坚果市场的潜在用户群是那些办公族和宅男宅女。对于他们来说，购买坚果是为了打发无聊时间或在自己忙碌的时候增添一丝趣味，当然最基本的还是为了满足口腹之欲和保持身体健康。以该需求为出发点可以发现，零食便宜与否并不是他们最为重视的产品特点，能否为自己带来愉悦才是他们最重视的产品特点。大部分消费者购买坚果的不愉快体验包括购买过程辛苦、质量差、吃完了手脏、包装不好、果壳没处扔等。

每一个消费者应当都乐意追求愉悦的体验，对于坚果的消费群体来说，他们希望有一家只要一见其招牌就能放心购买的线上坚果店，因此他们便选择了淘宝网上的来伊份。

然而问题并没有想象中简单。传统营销人士邹学海曾说道，“网络上没法做品牌，因为没法靠装潢取胜，也没法靠商场背书取胜……所有的传统招数都失效了。”章燎原在发现这个问题以后便摒弃了很多过去曾经用过的传统招数，而使用一种全新的品牌塑造方式来打造“三只松鼠”这一互联网食品品牌。

“三只松鼠”在章燎原的带领下以贴心的顾客服务在互联网上找到了自己的立足之地，又以“卖服务”的商业模式赢得了来自顾客的好口碑。在“卖服务”商业模式成功的背后，除为顾客所提供的封口夹、果壳袋等贴心服务以外，更重要的是用户思维在其运营管理中的贯彻。

2014 年，三只松鼠便以用户思维为核心来进行从未有过的升级。在内部管理方面，“三只松鼠”将用户思维深刻植入到员工的执行中，实行了一系列改革措施。除此以外，“三只松鼠”还在上游供应商中借助了用户思维所产生的积极影响，在产品的源头上彻底改变了坚果行业的规则。

打造一个基于食品产业的生态圈是“三只松鼠”未来的生存空间。当前，“三只松鼠”正在规划构建一个“食品电商产业园”，并在该产业园中建立起标准化的厂房，加强供应商对产品原料、成品、半成品的控制，且以“三只松鼠”为主心骨，邀请上游的合作伙伴入驻。

不仅如此，“三只松鼠”还成立了一个食品产业研究院，期望可以联合行业专家的力量把“食品电商产业园”塑造为一个专业平台。行业专家会在年底对原料端的整个市场做年度评估，与“三只松鼠”一起进行项目的生产研发。“三只松鼠”助理总监潘道伟认为，要想打造出高品质坚果必须依靠互联网时代的平台思维。

依靠互联网发展壮大的“三只松鼠”，只有不断升级用户思维，贯彻执行价值创新策略，才能在新一轮的线上电商品牌竞争中继续保持优势。

7.3.2 市场细分策略

2017 年，“美味不用等”（互联网餐厅服务商）已经发展成为中国最大的互联网餐厅服务商。尽管餐饮类 APP 众多，更出现了饿了么、美团外卖、百度外卖三大巨头，“美味不用等”依然杀进了美食餐饮市场，垄断全国排队市场 90%以上的份额。“美味不用等”成功的最重要原因就是它实行了市场细分策略，找到了自己的蓝海市场。

“美味不用等”于 2017 年 1 月 6 日对外宣布，支付宝口碑以及中视资本在 2016 年 12 月向其投资了数亿元。此轮融资是“美味不用等”的 C+ 轮融资，“美味不用等”在此轮融资中估值 30 亿元。

“美味不用等”的主打功能非常简单，即顾客在用餐之前可以利用美味不用等该 APP 在微信号或者大众点评网上选择餐厅，通过远程排队的方式取号，同时还可实时查询排队进程。顾客在轮到自己的前 5 个号时便会收到短信通知提醒。餐厅内的电脑已经装上了“美味不用等”系统，顾客可以方便快捷地完成取号排队，还能通过扫描二维码查询排队进程。

“美味不用等”在已经成为红海的美食餐饮市场中找到了属于自己的蓝海。在各餐饮巨头相互厮杀时，通过专心打磨自己的产品，积累大量的餐厅和商户资源的方式成功占领了市场。“美味不用等”在未来除了在排队上下工夫，还将对餐厅的发展做出更多优化。下面就来具体了解市场细分策略。

市场细分策略指的是根据消费者对产品不同的欲望和需求、不同的购买习惯和行为而将整个市场划分成若干个具有相同或类似需求的消费者群体，以便企业可以从中选择出最为精准的目标市场。市场细分策略是蓝海战略的执行策略之一。

在进行市场细分时，传统企业经营者会把包括性别、年龄、职业、收入等在内的人口统计学指标作为划分的标准。然而，随着互联网的发展，单纯依靠上述变量来划分消费者已经不能满足市场的需求，于是出现了新的细分方式——按消费者生活方式细分。

生活方式是消费者在一段时期里具有的稳定心理和行为模式。这集中表现了主观因素和客观因素对消费者所产生的综合影响，使得企业对各类消费群体心理和行为上的描述更加全面。根据消费者不同的生活方式，消费者可被划分为许多不同的群体，其中就可能包括作为蓝海的细分市场。

作为美国的一个相亲交友网站，Farmersonly 的目标群体是农场农民。它的市场定位与众不同，而这也正是一个有待发掘的蓝海市场。Farmersonly 创建之后短时间内就聚集了一批农民以及想要通过结婚从城市回归农村的人们。农村是该案例的关键词，一方面一部分生活在城市中的人们想和在农村生活的人结婚，继而回归农村；另一方面一部分生活在农村的人则希望可以通过该平台认识更多生活在城镇周边的农民。

以 Farmersonly 这个平台为纽带，Farmersonly 的用户群体构建起了一个属于他们的圈子。当今市场的竞争日益激烈，产品同质化现象严重，而市场细分策略有助于发现有待开发的蓝海市场。越来越多的企业经营者发现，市场细分策略对企业发展意义重大。

7.3.3 差异化竞争策略

差异化竞争策略是蓝海战略的执行策略之一，是指通过各种变量制造与竞争对手的不同之处，并使得这种不同成为独特优势。制造出与同行不同的产品或服务，以刺激用户的潜在需求，促进用户消费是实施差异化竞争策略的最终目标。差异化竞争策略要求企业的产品、服务和品牌区别于竞争者，降低过度竞争对企业经营的不良影响。

众所周知，企业所在市场的竞争对手越少，成功的可能性就越大。差异化竞争策略相当于为企业减少了竞争对手，增加了成功的可能性。差异化竞争策略要求企业分析行业现状，包括竞品的数量、优势等。

分析行业现状涉及的问题有：该行业是否处于蓝海，竞争是否异常激烈？行业内是否有巨头？如果有的话，是一家还是多家？

从业务层面上看，企业应尽可能避免与巨头公司的业务有重叠，而且仅仅是品类上的差异还不够。以电商为例，因为电商巨头有充足的资金调整团队结构、业务方向以及产品品类，企业如果选择将巨头当做竞争对手，试图分得一杯羹，那么创业风险将会非常大。

例如班车类项目曾经处于一个蓝海市场，相关初创公司引起了很多投资人的兴趣。与滴滴相比，两者的用户群体是有差异的，所以得到投资人的关注也很好理解。然而，当 2015 年 5 月滴滴声称要拿出 5 亿元来做班车业务，投资人很快不再关注班车类的初创公司。海外购物类的项目也是如此。聚美优品在 2015 年初就称要在物流和税收上补贴十亿元，目的是为了称霸海外的购物市场。而这也就让已经拿到 A 轮或 B 轮融资的海外购物类初创公司继续融资变得困难重重。

下面一起看凹凸共享租车实施差异化竞争策略的案例。就当下的 P2P 租车市场来看，差异化决定了企业生死。“北有 PP 租车、宝驾租车，南有凹凸共享租车”这句话便是 P2P 租车市场格局的体现。然而，凹凸共享租车并不满足一方老大的地位，开始在全国进行布局。凹凸共享租车创始人陈韦予表示，“希望在不久的将来做到整个 P2P 租车行业的老大。”

凹凸共享租车在 2013 年成立，于 2014 年 5 月上线。其用户可通过该平台把自己的闲置车辆租给有需要的人，由此令资产产生价值。凹凸共享租车在 2017 年 2 月获得了近 4 亿元的 C 轮融资，太平洋保险、赫斯特资本、杭州金投、信中利资本、经纬中国、中信建投、光大常春藤等均为其投资方。此轮融资资金的主要用途是升级产品服务以及进一步扩大市场。

在拼车经济火爆的当下，做共享经济的凹凸共享租车为什么还能生存得这么好？这就与凹凸共享租车实施的差异化竞争策略有关。在出行方面，人们除工作日的市内代步出行需求较大外，旅游自驾、商务用车等需求也是非常大的。无论是打车还是拼车，解决的都是一天时间里较为常规的用车需求，而凹凸共享租车用时自由，满足了人们的自驾需求。

另一方面，凹凸共享租车还开通了直达用户痛点的免费取还车业务。陈韦予认为，“共享租车平台本就应该为用户带来更多便捷和实惠，而免费取、还车则可以让用户真正体验到比打车更方便的租车体验，减少用户的租车时间成本。”

例如某用户准备在周六与女朋友约会，那么周五就可以下好订单，约定送车时间，凹凸共享租车的全职车管家会把车送到用户指定的地点。如此一来，用户不但可以节省提前租车产生的租金和停车费，还不影响用车计划，这种租车体验恐怕没有人会拒绝。

凹凸共享租车所推出的 24 小时全城免费取还车业务是该行业中的首创，从而真正实现了和竞争对手差异化。其他共享租车平台，例如 PP 租车，曾经针对托管车辆提供限时限区域取还车服务但随后停止，而宝驾租车还未推出过类似服务。也就是说，只有凹凸共享租车做到了 24 小时全城免费取、还车。陈韦予还表示："未来希望进一步提高我们的差异化壁垒，让更多用户体验到极致的产品和服务。"

通过凹凸共享租车的案例可以看出，差异化竞争策略有利于企业持久经营。那么，差异化竞争策略具体体现在哪些层面？企业经营者在制定差异化竞争策略时，又该注意哪些事项？对于共享经济领域的创业公司来说，差异化竞争策略具体体现在产品、服务和形象 3 大层面，如图 7-5 所示。

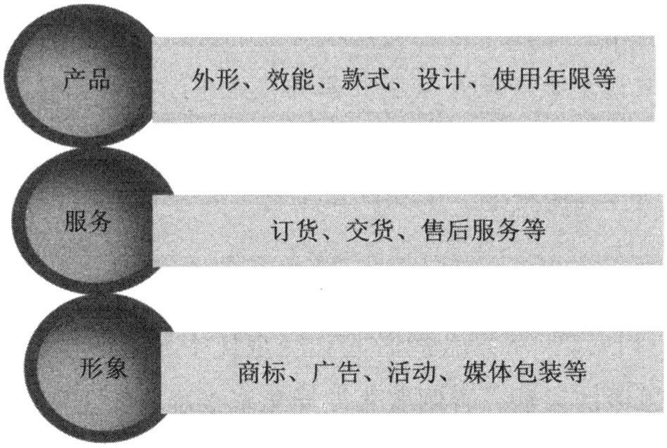

图 7-5　差异化竞争策略 3 大层面

产品差异化可以通过外型、效能、款式、设计、使用年限等实现。例如同属于兴趣爱好服务共享领域的约单（时间售卖与技能交易平台）和空格（个性化服务交易平台），首页设计就比较类似，都是以淘宝式的货架陈列为主，排满了各种明码标价的任务，通过 UGC（用户原创内容）的方式简易描述服务内容。这在很大程度上加大了用户操作量，使选择过程变得复杂，用户体验不够好。

而同领域的约约 APP 做法就不同。约约 APP 的整个首页简洁精美，其内容以 PGC（专业生产内容）为主，从而保证了专题内容的美观与质量。在约约 APP 这一平台上汇集了众多的生活达人，用户也根据自己的兴趣爱好而形成了不同圈子。在垂直领域里，约约 APP 平台依靠产品和内容积累了更强的竞争优势。

在产品差异化方面，企业经营者应当进行全方位的竞品分析，客观认识竞品的优势和劣势，让自家企业产品发挥优势、弥补竞品劣势。这样就能达到最佳的差异化效果。

服务差异化表现在订货和交货以及售后服务等各个方面。凹凸共享租车提供免费取还车服务就是从服务差异化入手，实行差异化竞争策略的。对共享经济领域的企业来说，善用服务差异化常常会带来意想不到的效果。尤其是服务属性强的行业，例如共享出行、共享租房等。

服务差异化通常伴随着相关的员工教育训练。企业经营者应当如何对员工进行教育训练？所投入的时间和资金成本各是多少？这些都是企业经营者需要思考的问题，否则服务差异化将很难落实。

通过商标设计、广告标语宣传、媒体活动等可以让企业呈现出特有形象，继而令用户把已经形成的企业既定印象和企业所提供的产品或服务连接起来的这一内容，我们称其为形象差异化。

以服装共享平台“衣二三”和“女神派”为例，“衣二三”定位为轻奢衣橱，目标人群是 22 到 35 岁的一线城市白领女性。“衣二三”通过广告文案宣传、举办“4 · 14 试衣节”活动等方式塑造了时尚、高端的品牌印象。而“女神派”的主要用户是 20 到 25 岁的大学生和职场新人，其次是 26 到 30 岁的白领女性和时尚达人，所以对外塑造的是偏向于更加亲民的中高端品牌形象。

企业的差异化形象不是短时间内就能塑造完成的，需要依靠长时间的累积和传递。企业经营者应当尽早定下目标——企业最终要在用户心中建立的差异化形象是什么样的，并在可控成本范围内逐步达成目标。

8

微品牌红海战略

随着蓝海市场发展壮大，进入者逐渐增多，市场竞争变得激烈，昔日的蓝海终将变成各品牌厮杀的红海。因此，对于微品牌来说，发展初期需要实施蓝海战略，但当蓝海变成红海后，也要学会在红海中竞争生存。

8.1 什么是商业红海

现有的、竞争正处于白热化的市场便是商业红海。之所以被称作“红海”是因为产业的市场竞争激烈残酷、招招见血。红海代表着现今仍存在着的大部分产业，这些产业对产业界限和竞争规则烂熟于心。红海因为市场空间尤其拥挤，所以利润增长潜力也较小，先进入者会占有较大优势。

8.1.1 商业红海的概念

商业红海作为一个经济术语，是指竞争尤为激烈的商业市场。在红海中，产业边界和竞争规则是明晰的、确定的。为了获取已知需求下更大的市场份额，企业必须和竞争对手展开激烈的竞争。相对于蓝海未知的市场空间，红海则指向已知的市场空间。

下面以内容创业为例，看商业红海具体是什么样子的。内容创业并不是一个新鲜词汇，因为早在罗振宇创办短视频脱口秀《罗辑思维》之初，内容创业就已经成为部分内容创作者的希望。罗辑思维于 2015 年 10 月完成了 B 轮融资，其估值达 13.2 亿元人民币，成为内容创作者的典范；马东在 2015 年 9 月离职爱奇艺，带领《奇葩说》团队创办了独立的内容制作公司——米未传媒，开始打造自己的原创内容；国内移动音频网站喜马拉雅 FM 则在 2016 年 1 月与新榜达成内容创业的战略合作。

自 2016 年以来，内容创业越来越火爆。内容创业已经成为各大媒体平台以及内容创作者的一个趋势。自媒体价值排行及版权经济管理机构克劳锐在“2017 年自媒体高峰论坛”上发布的《2016 中国自媒体行业白皮书》显示，内容创业已是红海一片，海量自媒体平台处在一个冰火两重天的市场环境里。一方面，少数顶级自媒体年收入超过千万元，另一方面，有 60%以上的自媒体人都未实现盈利。在内容创业红海里，自媒体将如何谋求生存和发展显得至关重要。

通过内容创业可以看出，已知市场和竞争激烈是商业红海的两大特征。

8.1.2 红海战略与蓝海战略的区别

下面总结了红海战略与蓝海战略的 5 点区别，如表 8-1 所示。

表 8-1 红海战略与蓝海战略的 5 点区别

	红海战略	蓝海战略
第一点	在已有市场空间竞争	打开无人争抢的市场空间
第二点	打败竞争对手	规避竞争
第三点	开发现有需求	创造和获取新需求
第四点	在价值与成本之间权衡取舍	打破价值与成本之间的权衡取舍
第五点	按差异化或低成本的战略选择，协调公司活动的全套系统	为同时追求差异化和低成本，协调公司活动的全套系统

前 4 点都很好理解，下面主要讲第 5 点，即低成本战略和差异化战略在红海中的对立与在蓝海中的统一。

红海战略下的 3 大基本竞争战略分别为差异化、低成本、集中。企业在红海市场当中之所以无法兼顾差异化战略和低成本战略，是因为这两种战略反映了两种不同的市场观念，具有一定的矛盾性，两种战略下的管理方式、开发重点以及企业经营结构都是不同的。

企业在红海市场的演进过程中通常会循环采用低成本战略和差异化

战略。企业一般会首先采用差异化战略来应对竞争，以满足自身的生存需要。但如果整个市场的需求开始出现变化，竞争对手纷纷开始跟进，那么差异化战略就不再占据优势。

随着产品标准化的出现，企业倾向于采用低成本战略降低成本，增大产品产量，最终通过提高市场份额来获得利润增长。举例来说，在跨境电商还未成为红海的时候，一件花王纸尿裤在日本本土的售价大约是 60 元人民币，但进口至中国后其在沃尔玛的售价则达到了 180 元。当巨头纷纷涉足跨境电商，海淘成为一片红海时，花王纸尿裤的价格已跌破了 100 元。

蜜芽创始人兼 CEO 刘楠表示，“未来，我们还会持续用价格战挤压，甚至我觉得一些关系到小孩基本生活的，像奶粉、纸尿裤这样的用品，零售商是不应该有利润的，我们要持续走低价策略。”

当市场发展成熟，竞争逐渐进入了白热化阶段时，一些企业为了维持竞争优势，就开始研发新产品，重新采用差异化战略。

蓝海战略与红海战略不同，其差异化战略和低成本战略可以同时存在。蓝海战略下的企业可以在追求低成本的同时为用户创造价值，以达到企业与用户的双赢。

对于用户来说，企业以较低的价格提供更好的服务是其价值来源，而对于企业来说，价格和成本结构决定价值。价值创新要在整个企业的价格、效用和成本可以正确合为一体时才能发生。在蓝海里实现成本的降低需要取消或压缩某些竞争因素。随着时间的推移，因为价值创新带来的规模效应会进一步降低成本，即同时实现低成本和差异化。

8.2　微品牌红海竞争法则

红海市场里的企业需要面对激烈的竞争。那么，微品牌如何保证在残酷的竞争中取胜呢？下面一起看微品牌红海竞争的 3 大法则。

8.2.1　应对替代品威胁

对于企业来说，替代品是指行业中和自身产品具有同样功能的产品。若替代品的性价比更高，同时消费者的转移门槛很低，那么消费者就很可能从自身产品的用户转为替代品的用户。替代品对自身产品构成的威胁就是企业面临的替代品威胁。

替代品威胁主要有 4 点，分别为替代品的质量、替代品的价格优势、替代品的性能优势，以及用户转向替代品较为简便。那么，企业应当如何应对替代品威胁呢？应对替代品威胁的方法如图 8-1 所示。

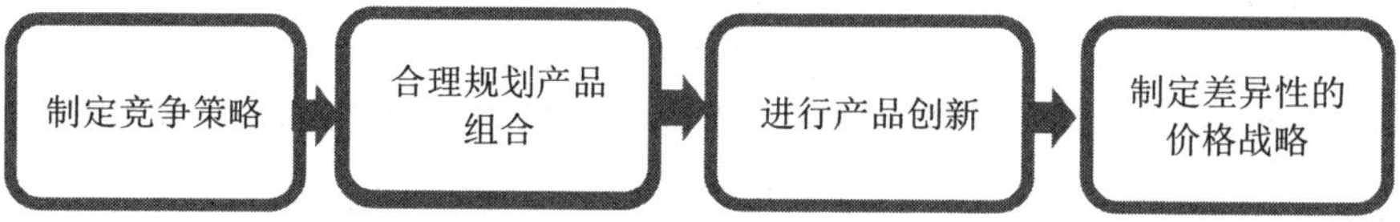

图 8-1　应对替代品威胁的方法

1．制定竞争策略

面对替代品的威胁，企业面临着艰难的竞争策略抉择，要么改进现有产品和工艺流程以降低成本，要么以自身产品特色以吸引消费者。只有这样，企业才能抑制替代品的发展。

企业在制定竞争策略的过程中需要对消费者的想法有所了解，对竞争对手的产品动态非常明确，并且还要结合企业现有的资源，这样制定的竞争策略才会有效可行。需要注意的是，竞争策略的制定要同时围绕消费者、竞争对手和企业三者展开。

2. 合理规划产品组合

合理规划产品组合要求企业审视现有的产品系列，舍弃不能创造利润的产品品种，保障企业的产品资源。同时，企业要结合市场竞争状况和用户需求对产品进行组合规划。对微品牌来说，单一的产品推广是提升自身竞争力的最好策略。这便要求企业要把大部分资源都集中在拥有最大优势的单一产品上，并对该单一产品进行品牌塑造与传播。

3. 进行产品创新

若要实现产品创新，企业首先需要树立起产品差异化的概念，赋予产品新的灵魂。

4. 制定差异性的价格战略

各行各业的特点和竞争状况都是不同的，每个企业的现有资源也不尽相同。企业在构建微品牌过程中要结合自身现有资源来制定适合自己的价格战略。

8.2.2 处理好与供应商的关系

在互联网时代，企业作为个体经济角色互不相干的状况已经不复存在，取而代之的是供应链上的企业为了市场价值而携手合作。尤其是发展微品牌的中小企业，如果能够与供应链上的其他公司保持良好的合作关系，不仅能够获得来自外部资源的帮助，还有利于在融资中得到投资人的肯定。

一些企业没有意识到合作伙伴的重要性，天马行空地推销商业理念，只顾及与自己有关的业务和产品，最终成为置身于行业之外的“孤僻公司”。这种完全孤立的业务经营方式导致的最终结果往往是，企业始终处于不盈利的状态。

如果真的想要好好做成一项事业，那么需要学会站在行业的高度上考虑公司的战略。下面一起看看房地产巨头万科是如何与指北针户型库合作的。

指北针户型库作为深圳市指北针建筑科技有限公司所创立的一个专业户型库品牌，同样也是业界唯一一个专注住宅户型库并获得国家专利认证的专业品牌。作为一家没有名气的创业公司，与房地产巨头万科的合作让指北针户型库受到了人们的广泛关注。

万科之所以注意到指北针户型库，是因为研发部的一位员工是指北针户型库官方微博的粉丝。通过微博私信，双方取得了联系。经过产品演示后，万科产品研发部将指北针户型库推荐给了相关部门领导，指北针户型库再一次得到了认可。

过了一段时间，万科决定购买指北针户型库的单机版，并和指北针户型库的创业团队商量，希望开发集团版。指北针户型库的创业团队之前就已经开始讨论集团版的实现方式，而且他们的工程师开发过大型的网络软件，具备开发集团版的技术能力，于是就答应了万科。

经过多次沟通，双方在用户管理权限、用户的个性化选项、如何更方便地修改和导入图纸等产品细节方面达成一致，然后签下了相关协议。

在指北针户型库集团版上线以后，根据户型图纸的下载、上传记录显示，指北针户型库在较短的时间里就获得了整个集团建筑师们的认可，被万科誉为“户型神器”。

万科还向保利地产、华润置地等房地产大佬推荐了指北针户型库。指北针户型库也不负众望，得到了众多专业设计机构的一致认同，被各大企业和专业设计机构视为内部户型管理与创新平台。

尽管万科已经发展成为一个巨头公司，但依然没有忽视合作的重要性。万科不仅把指北针户型库当做是上游企业的供应商，还将其作为合作伙伴共同成长。得益于这种合作理念，万科与指北针户型库的关系从普通的买卖关系转化为合作伙伴关系，进一步加深了彼此之间的信任感。

用户需要的是完整的解决方案以及最优良的产品和服务，所以企业寻找的不仅仅是提供产品和服务的供应商，还应当让供应商切入整个项目并与之共同成长。在这个过程中，企业处理好与供应商的关系显得十分必要。

8.2.3 为新进入者设置进入障碍

产品壁垒是最大的技术优势，产品壁垒越坚固，新进入者的障碍就越大。然而，产品本身的价值就是产品壁垒价值的建立之基。因为别人根本没有任何兴趣去抄袭一个没有价值的产品，也就更无所谓产品壁垒。对于红海市场中的企业来说，产品壁垒分为 5 个层次。

1. 不可能抄袭

这种产品壁垒是指有某种绝对性的保障可以让其技术或模式不可能被抄袭。生物医药类的产品以及获得政府特许经营的产品就经常存在这种产品壁垒。在这种情况下，新进入者打入市场的障碍便非常大。

2. 抄袭难度很大

这种产品壁垒没有绝对性的保障，在技术上或模式上的复制门槛非常高，因而不具有复制的可能。如果构建了抄袭难度很大的产品壁垒，企业将很难被新进入者赶超。

3. 有一定的抄袭难度

这种产品壁垒在技术上或模式上是可以复制的，但需要耗费大量成本。许多技术型企业会在该层面上建立产品壁垒。

4. 抄袭门槛较低

这种产品壁垒不够坚固，由于经营模式和产品技术都比较清晰，只要组建好团队就可以复制该产品。如果抄袭门槛较低，新进入者受到的阻碍较小，赶超市场先进入者的可能性就比较大。

5. 抄袭无门槛

实质上没有任何产品壁垒，抄袭没有门槛。这种产品已经被标准化，任何人或团队都能轻易地进行复制，例如垂直类社区、垂直类媒体、无技术含量的硬件产品等。

在红海市场里，企业应当尽可能构建不可能抄袭的产品壁垒，为新进入者设置较大的阻碍。这样一来，企业的竞争对手会在一定程度上有所减少。

8.3 微品牌红海生存策略

红海市场的规模远远超过蓝海市场，大多数企业已经深处红海市场无法规避。企业经营者应当正视这一现实，想办法在红海市场中立足、谋生存。如果不想着如何让自己的企业安全生存下来，整天幻想着蓝海市场，那么很有可能被红海竞争机制所淘汰。

8.3.1 瞄准核心定位，专一发力

企业在红海激烈的市场竞争中需要消耗很多资源，因而也很难在每一件事上都面面俱到。企业只有瞄准核心定位，专一发力，创造一个独有品牌，才能在红海的市场竞争中立于不败之地。

如果企业在建立品牌的过程中，推出了大量产品，就会导致其业务众多却无一强大，资源不能集中在一个地方，在市场中容易处于弱势地位。

韩束作为化妆品品牌之一，是第一家在上海科技馆举办新品发布会的化妆品企业。2014 年 1 月 15 日，韩束在上海科技馆举行“雪白肌新品发布会”，正式推出主打“美白”功能的 BB 霜系列产品。过去，很多人认为一支 BB 霜与一支唇膏、一支口红没什么区别，根本不可能支撑起一个上亿元规模的品牌。然而事实证明韩束创始人兼 CEO 吕义雄的选择是正确的。

韩束于 2012 年放弃多产品运作，开始进行品牌转型，整合公司优质资源向韩束 BB 霜集中发力。2013 年，韩束 BB 霜的零售规模爆增了 78%，达到 18 亿元。吕一雄十分有底气地表示在 2014 年的零售规模要冲上 31 亿元，而最终他也实现了这一目标。韩束 BB 霜跃居国货细分品类第一名

的现实证明了以“BB 霜”为明星单品的营销策略是极其正确的。

韩束红 BB 霜主打“7 分养、3 分妆”，重新定义了 BB 霜产品的内涵，取得了巨大成功，并且给韩束团队带来了创新的灵感。至此之后，韩束开始以 BB 霜的产品形式切入美白细分市场。在美白、抗衰老和基础护理这三大功能性产品三分天下的形势下，美白护肤品的比例占到了三分之一。2015 年，我国美白类产品市场规模达到了 745 亿元。然而在吕义雄看来，这个市场依然混乱。他要站出来，用 BB 霜单品打造美白市场的第一品牌。

在 2016 年“双 11”，韩束更是拿下了多个平台的美妆类目第一。其中，京东商城“双 11”，韩束位居国货美妆第一；唯品会“双 11”，韩束位居美妆第一；聚美优品“双 11”，韩束位居美妆第一。另外，韩束在当年天猫平台“双 11”收获 1207 亿元销售额，位居国货第五、美妆第七名。

做品牌不容易，做一个独有品牌更不容易。在瞄准核心定位，专一发力的过程中，企业需要拿出一部分资源用于提升产品的持续创新能力。唯有产品不断创新才能不断地吸引用户，用户是产品最重要的关注点，有了用户，品牌才能发展壮大，生生不息。

即便是板蓝根颗粒这样普遍而广泛的产品，若要成为其品类中的王者也需要持续的创新。某板蓝根颗粒厂家为了巩固行业龙头地位，不仅在产品升级换代上下功夫，而且还进行了一系列创新，例如在上游种植 GAP 药材基地、以指纹图谱技术来控制质量、开展板蓝根有效抗病毒的临床研究、申请板蓝根美国 FDA 认证等。这一系列的创新很好地区分了别的品牌的板蓝根，在消费者心里烙下深深的印记。

8.3.2 利用晕轮效应，积聚正能量

晕轮效应也被称作光环效应，具体指的是如果一个人或者一个物品的某种特质给人留下非常好的印象，这种好印象就会影响人们的认知，使得人们对这个人或者这个物品的其他特质也给予较高评价。

晕轮效应表现为爱屋及乌，典型代表为名人效应。众所周知，广告代言人一般会找歌星、影星，而很少找那些不出名的小人物。这是因为明星本身知名度高，受到了大众认可，所以他们推荐的产品也更容易得到大众的认同。

很多品牌正是得益于名人效应而使得自身产品的知名度迅速提升，成功将市场打开。利用明星给品牌带来的晕轮效应，集聚正能量。

下面总结了选择明星作为品牌代言人时的注意事项，如图 8-2 所示。

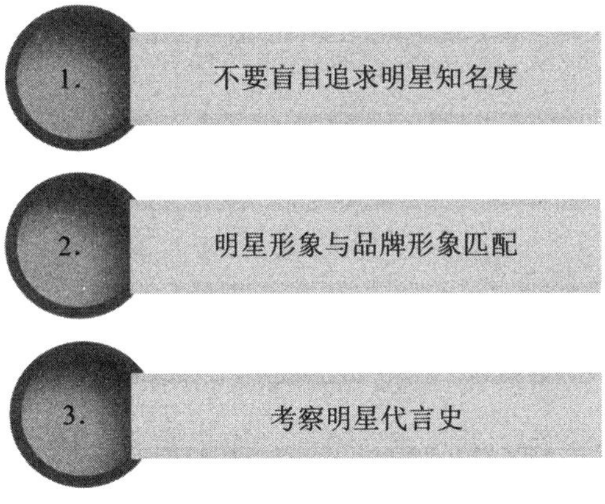

图 8-2 选择明星作为品牌代言人时的注意事项

1. 不要盲目追求明星知名度

明星知名度关系着代言费用的高低，当红明星的代言费可能要上千万元，如果不是大品牌则很难承担这笔费用。除此之外，明星的影响力在不同城市也有所不同，例如上海、北京的一些地方明星只在当地有较大的影响力。还有一些明星的知名度虽然不高，但在某些小众人群中有着比较大的影响力，这对于那些细分化程度较高的品牌比较适用。另外，选择明星代言，还要考虑目标消费者对不同明星的熟悉度。选择合适的代言明星有助于企业节省代言费。

2. 明星形象与品牌形象匹配

若一个明星成为了某品牌的代言人，消费者就会将对明星的印象转嫁到对该品牌的认知上。如果明星与品牌形象不匹配，目标受众就可能对品牌形象产生误解。为了避免出现这种情况，品牌在选择明星代言前，要有清晰的品牌形象定位，提练品牌形象的关键词，据此梳理市场上哪些明星具有类似的气质形象，然后再观察这些明星在哪些人群中拥有良好的口碑和形象。若能保证欣赏明星的人群和品牌的目标人群一致，那么这样选出来的明星便往往不会有错。

3. 考察明星代言史

一般情况下，明星代言过的品牌都不止一个，所以有考察的必要。考察明星代言史要注意以下几点：第一，如果明星在同一时间代言过同类品牌，不可选；第二，如果明星经常代言完全不同领域的品牌，不可选。例如，某明星一直在代言家用电器，食品品牌则尽量不选该明星作为代言人；第三，有较多负面新闻的明星，尽量不选。

做到这几点，基本上就能保证不会因为在明星选择上出现差错而导致企业的资金浪费和产品的负面效应。只有选对明星代言人，才能保证广告对品牌推广和业绩提升有促进作用。

9

坚持微创新

创新的程度和层次本身就不同，惊世骇俗的颠覆性创新毕竟还是罕见的，可能要经过一段长期的沉寂才会出现。而微创新需要长期不间断地研发，其成本低，更容易实现遍地开花的效果。无论身处红海还是蓝海，企业都应当重视并坚持微创新。

9.1 什么是微创新

微创新，不是一种颠覆，而是一种微调。微创新就是要追求一点点的创意，寻求一点点的突破。从本质上讲微创新就是一个从量变到质变的过程，大量的微创新组合会给原主体设计方案一个巨大的冲击，以产生颠覆效果。对微品牌来说，坚持微创新更容易在经营中快速崛起。

9.1.1 “船小好调头”的微创新

奥德特·申卡尔（Odette Shenkar）博士是美国俄亥俄州立大学的管理和人力资源教授，也是美国福特汽车公司的国际商务管理主席。他在自己的演讲中说道，“人们普遍认为在科技创业过程中必须要创新，我认为这种想法是错误的。实际上，创业家们早就已经开始通过模仿创建初创企业，并且取得了举世公认的成就。”

大家对此没有任何意见，因为脸书（Facebook）、苹果公司（Apple）都是这样做的。奥德特·申卡尔说，“马克·扎克伯格（Mark Zuckerberg）与史蒂夫·乔布斯（Steve Jobs）是两位伟大的模仿者。”

马克·扎克伯格建立的 Facebook 并不是世界上第一个社交网络。社交网站鼻祖 Frienster 于 2002 年就成立了，而聚友网（Myspace）和领英网（LinkedIn）成立于 2003 年，而脸书是在 2004 年问世的。同样，史蒂夫·乔布斯于 1984 年设计出的苹果用户界面也借鉴了 1979 年他在施乐帕克研究中心（Xerox PARC）了解到的创意和技术。

奥德特·申卡尔认为，两位创业者的模仿行为并不是问题，相反，他们在企业复制上的开创性工作是非常伟大的。“我们崇尚创新，但事实证明，成功的关键是模仿”，奥德特·申卡尔解释说。人类进化的过程离不开对生物界其他生物优点的模仿。

如今的模仿作用比以前更为重要，因为现代科技使得模仿比以前更节省成本、更具有可行性。

我们所说的模仿并非照搬照抄，而是一种微创新。微创新持续发力就如同是小步快跑，假以时日便可实现大的跨越。

自主创新对企业的要求极高，资源有限的企业根本无法承受巨大的试错成本，而走模仿巨头的道路又无法产生预期的市场影响。因此，对企业来说，建立在模仿之上的微创新是企业发展的必经之路。

尽管试错对企业的意义重大，但是盲目的试错只会给企业造成重大的成本负担。微创新通过吸取其他企业的成功经验，并根据自身目标用户的痛点进行针对性的微小创新，达到以最小的代价换取巨大动力的效果。

例如苹果产品从 MP3 播放器到能看视频的 MP4 播放器，再到加入电话功能，通过微创新的一步步积累，最终颠覆了传统手机，并开创了一个智能手机新时代；阿里巴巴从淘宝到天猫，一些不被当作创新的模式在长期的积累整合中创造了一个崭新的商业生态。苹果与阿里巴巴的成功不在于对原有技术进行突破式创新，而是一系列微创新的结果。这一系列产品均是以原有产品为基础进行局部改善的。

综上所述，微创新是一个循序渐进的过程，它并不要求企业要进行全面且激进的变革，而是要求企业从主流设计的基础中寻找突破口，这便是我们所说的“船小好调头”。

9.1.2 微创新的 8 种类型

市场上有很多成功产品都是微创新产品。iPod 通过微创新从众多 MP3 产品中脱颖而出；保洁公司通过微创新生产出一款没有洗涤成分的洗衣液从而获利数亿美元；雀巢冰饮通过微创新成功畅销冬季。无论是什么行业，要想轻松打造出惊艳市场、惊艳用户的产品，微创新就是一个值得尝试的方法。下面一起看微创新的 8 种类型，帮助大家更深入地了解微创新。

第一种类型是技术型微创新。不可否认，直接改变用户体验的重要因素就是技术。相比于 CDMA 技术、蓝光技术等颠覆性创新，微创新则更强调不需长久耗时的技术，更多的寻找微小突破口和对现有技术的创新应用。技术型微创新是以满足用户需求或提供特色体验为出发点来进行技术创新、改良和应用。

例如，手机芯片市场多被英飞凌、高通等巨头垄断，但上海有一家专门从事手机芯片研发的企业却针对部分手机用户希望手机喇叭声音更大的这一需求进行了技术改进。他们生产的“大喇叭”手机芯片在能歌善舞的非洲市场尤为热销。

第二种类型是功能型微创新。功能型微创新指的是以开发服务功能的方式制造具有独特用户体验的创新活动。功能型微创新分为两种，一是创造具有全新功能的产品或服务，二是在原有产品的基础上增加全新的附加功能。SNS 社区曾经非常火爆，开心网在 SNS 社区的基础上开发了抢车位、偷菜、买卖奴隶、钓鱼等免费小游戏，其凭借着持续性“微创新”成功成为了全球 Alexa 排名前 100 的网站，注册用户达数千万名。

第三种类型是定位型微创新。定位型微创新的核心内涵是对产品或服务进行独特定位，在该定位上进行产品设计以实现为用户创造独特体验的目的。定位型微创新常用的两种手段是跨界和错位。淘米网之所以能成为全球用户数最多的儿童互动娱乐平台之一，就和定位型微创新有着密切的关系。众所周知，大部分家长都把网络游戏当作孩子学习和成长的阻力。在这种背景下，淘米网将自己定位为儿童互联网娱乐产品的提供商，推出了多款面向 5~15 岁不同儿童用户群的线上社区产品，最终大获成功。

第四种类型是模式型微创新。模式型微创新指的是通过引入新的商业模式，创造独特的用户体验，获得市场。美团所开创的团购模式便是一种模式型微创新，这种创新不仅为美团自己夺得了成功，也让中国的互联网领域掀起了“百团大战”。

第五种类型是包装型微创新。随着用户的个性化需求越来越明显，一个与众不同的包装就能够体现出与其他产品的不同。包装型微创新的意义就在于通过包装来传达产品和品牌的独特文化内涵。凡客最初打动消费者的就是外包装盒的创新。凡客在一般的服装塑料袋包装之外增添了一个精美环保的无纺布包装袋，配送的外包装为硬皮纸盒，以便让消费者在打开产品包装时能享受到一种舒适感。这便是凡客以包装型微创新来打造良好用户体验的方式。

第六种类型是服务型微创新。除产品本身外，用户体验的决定性要素还应该有企业提供服务的质量与方式。通过提供贴心、周到而有特色的服务，营造出良好的用户体验就是服务型微创新的本质。在银行界，招商银行的创新力众所周知，比如第一个在大厅里放置糖果、增加座椅，甚至摆放咖啡和牛奶的银行就是招商银行。

第七种类型是营销型微创新。营销环节采用新手段、新形式、新传播渠道来引领消费潮流，就是营销型微创新的鲜明特色。广东潮宏基实业股份有限公司通过电影植入营销，成就了潮宏基“心蝶”系列钻饰的成功。

第八种类型是渠道型微创新。渠道型微创新指的是通过突破传统渠道带来用户体验的改变。国内第一个在网上开设官方旗舰店的汽车制造商是吉利。吉利汽车官方旗舰店的开业代表着汽车营销模式的一种创新性探索，同时这种创新也逐渐改变了消费者的购买渠道。

9.2 微创新要避开的 3 个大坑

针对用户痛点进行微创新不是一件容易的事情。对企业经营者来说，微创新有 3 个大坑非常值得警惕，甚至很多企业已经误入坑里。

9.2.1 找痛点需求而非找格调需求

找格调需求就是微创新的第一个大坑，即微创新不从用户出发，而是从自身出发，也就是企业自己觉得这样的需求很重要。事实上，我们应当找痛点需求而不是找格调需求。很多企业经营者都会陷入这个坑里面，找到一个格调需求，然后据此进行微创新。

举例来说，很多企业做移动电源的时候会进行很多微创新，包括私人订制、拉卡拉、土豪金配色等。然而，这些公司并没有成功，真正做好移动电源的是小米。为什么呢？因为小米找到了用户的痛点需求，即超高性价比。小米 10400 毫安的移动电源仅仅售价 69 元，对其他公司几乎形成了毁灭性的打击。私人订制、土豪金配色等在痛点需求面前不值一提。

小米在微创新方面的成就还有很多。例如小米电视 2 有一个微创新叫作“帮你找到遥控器”，受到了消费者追捧。找遥控器对他们来说是一种痛苦的体验，而因为小米这个小小的功能，很多顾客购买了这款电视。小米满足了众多电视厂商多年以来都没有注意的用户痛点需求，可见小米的成功并不是偶然的。

微创新虽看似简单，但实现起来却并不简单。首先，需要找到痛点需求就非常难，尽管很多用户也许对产品某些方面感到不方便，但企业不用心的话是很难发现的。再者，即使找到了这个痛点，能否通过微创新解决它也是个未知数。

9.2.2 没有找到自己的核心用户

没有找到自己的核心用户是微创新的第二个大坑。很多企业盲目追求大而全，一上来就试图搞定市场里全部用户，最终的结果就是一个用户都搞不定。做产品首先要搞定一小部分核心用户，然后才能像滚雪球一样逐渐影响更多用户。

在进行微创新之前，企业经营者首先应该思考用户金字塔问题：谁是你的用户？他们都在哪儿？谁是购买价值最大的用户？

用户群体的有限性是由产品定位决定的。用户群体有限性所展现的是一个属性各异但却层次分明的用户金字塔。如果将产品定位于身家数千万元的成功人士，却面向所有的消费者群体进行密集型营销，那么就有很大一部分资源被浪费了。

在我国，很多市场被几个大公司占有着，并且它们不断地吞并更多小公司。在互联网时代大众创业的潮流下，创业者不断涌现，几乎所有的好创意都已经被尝试过。在这种形势下，企业最好选择一个细分市场，找到自己的核心用户。

企业经营者应当对市场进行最大程度的细分，只做服务于一小部分人的产品和服务，那这一小部分人就是目标用户群体。贪图大而全与定位核心用户的结果是完全不同的。贪图大而全的结果很可能是，很多人都知道你的产品，但仅仅停留在“知道”这个层面，对产品抱着一种无所谓的态度，用户黏性不高；定位核心用户的结果很可能是，只有少数人知道你的产品，但是他们是忠实用户、铁杆粉丝，非常热爱你的产品。他们已经将你的产品作为日常生活的标配，并且非常愿意为产品做口碑宣传。

作为企业经营者，你会做何选择？明智的企业经营者一定会选择定位核心用户。因为当产品被少数人特别热爱时，就更容易扩展到其他人群，而不是变成被大多数人知道却不温不火的产品。

企业经营者最好的选择就是从开始的时候就瞄准目标用户群体，从种子用户开始，像滚雪球一样越滚越大。企业若一开始就贪图大和全，企图将所有的用户搞定，那么也许会以惨败告终。很多现在流行的产品最初也都是小众产品，如淘宝、陌陌、QQ、饿了么、微信等。这些产品虽然是非主流的、小范围的小众产品，而且市场和用户也狭窄，但它们最终都获得了成功。

9.2.3 陷入专家思维

专家思维就是微创新的第三个大坑。进行微创新的时候，应当站在用户的角度思考问题，而不是站在专家的角度思考问题，毕竟不是每一个用户都是专家。对专家来说，信息多、功能多可能是一件好事，但用户可能觉得选择多会导致无所适从。也就是说，科技进步和商业发达不仅没有给用户带来轻松和效率，反而带来了困扰。

在这种背景下，简单成为商业世界里的原则之一。要想做到简单，就要学会突破专家思维，站在用户的角度上思考。和用户交流的时候，你会发现一些很好的功能用户根本不会用，一些很明显的按钮用户却完全没看到，为什么？这些问题都是产品功能的复杂化造成的，用户的注意力被其他功能扰乱了。

设计产品的时候，设计者需要把自己变成一名普通用户去看待产品功能。例如微信团队的技术人员常常观察身边人是如何使用微信的，从而分析用户的使用习惯并且解决用户微信使用上的问题。

周鸿祎说过一句话，“要像白痴一样去思考，像专家一样去行动”。这当然不是说用户是白痴，而是说要把产品功能做到极致，让所有的用户都会用。企业应当教育员工模拟用户，从用户的角度出发并思考问题。

9.3 微创新经典案例

微创新的案例很多，但是不得不提的就是乔布斯与马云的微创新了。

9.3.1 乔布斯与微创新

2017 年，苹果公司市值达到了 8000 亿美元，成为美国市值最大的上市公司。苹果取得如今的成就，功劳最大的就是苹果创始人乔布斯了。

乔布斯在1997年重返苹果后，首先在热门的PC产品上进行了微创新。然而，乔布斯设计的苹果机彩壳只是短时间博取了消费者眼球，并没有带来真正的成功。在微软和戴尔的打击下，乔布斯只好从大公司看不上的MP3做起。

乔布斯于2001年推出了首款iPod。微软、戴尔这样的大公司却看不上MP3播放器这样的小市场。乔布斯是一个易受外界启发，并以用户需求为中心的人，所以他抓住了这个被大公司无视而小公司又无力做好的机会——年轻人在互联网时代对音乐的需求。

乔布斯借助iPod来满足互联网时代年轻人对音乐的需求，并将其做到了极致。相比于其他MP3产品来说，iPod便是一个微创新，当中的TOSHIBA（东芝）小硬盘可以储存一万首歌，用户不需要再为容量小而烦恼。可以说，苹果从iPod开始的每一次微创新都成就了伟大的产品。

对苹果来说，iPhone的辉煌是从iPod开始的。要知道，iPod的全球销量在苹果推出iPhone时就已经超过了一亿部。如果没有iPod，让乔布斯直接做iPhone，或许不会成功。

乔布斯的战略并非颠覆性创新，而是一步步捕捉用户需求和市场状态的微创新。如今，乔布斯虽然已经去世，但他像是一本创新巨著，值得我们每一个企业经营者学习和研究，然后依靠自身的努力和创新探索精神走出自己的成功之道。

9.3.2 马云的7个颠覆式微创新

截至2017年8月20日，阿里巴巴市值超过2.6万亿美元，股价自2017

年以来上涨 80%。根据 2017 年 7 月 27 日披露的福布斯富豪榜，阿里巴巴创始人兼董事局主席马云以 360 亿美元荣登国内首富。

作为中国最具创新性公司其中之一的阿里巴巴将西方已有的商业模式本地化后建立起了一个庞大的电商帝国。与很多创新性公司一样，阿里巴巴是在一系列渐进式的变化中发展起来的。这种渐进式变化的实质是颠覆式微创新。下面一起盘点马云创业生涯中的 7 个颠覆式微创新。

1．先做海外，再做国内

阿里巴巴的战略在马云 1999 年刚开始创业时是避开国内的电子商务市场，迅速进入国际市场。那时在中国市场很少会听到阿里巴巴，这是因为阿里巴巴基本是在欧洲和美国开展活动的。阿里巴巴吧早期的创业策略被马云归结为“远攻近交”模式——先打开国际市场，再利用国际市场的影响力来拉动国内市场。对于这种打破常规的做法，马云有着自己的考量——助力中国企业做出口，以寻找更多的海外买家。

2．阿里巴巴的三年免费策略

从 1999 年到 2001 年，阿里巴巴都是免费向用户提供服务的。在淘宝与 eBay、易趣竞争的过程中，阿里巴巴的免费策略发挥了重要作用。C2C 网站的收费方式主要是收取交易服务费、登录费、推荐费，而淘宝则全部免费，这对于互联网上的商家来说，具有很大吸引力。

3．淘宝采用“农村包围城市”的推广策略

2003 年 7 月，马云推出淘宝网。这一年，eBay 和易趣采取广告封杀策略打压淘宝。eBay、易趣和几大门户网站签下独家的排他性协议——如

果在当年接受了易趣的广告，那么就不能接受其他同类网站的广告。

在这种形势下，马云与阿里巴巴高层想出“农村包围城市”的推广策略，即利用电视、电台、户外路牌、地铁、公交等作为广告载体进行推广，特别是采取了个人网站联盟来进行推广，效果显著。在 2004 年后，各大网站接受淘宝网的广告投放，MSN 甚至希望和淘宝独家合作。在此之前，MSN 的合作伙伴都是都是 eBay、易趣。eBay、易趣等网站对淘宝网的封杀行动在一年之后正式宣告失败。

4．支付宝模式

2004 年，马云创建支付宝模式。支付宝相当于网上的“中介担保”，用户网上购物，因为不相信商家所以选择把钱放在支付宝里面，等收货确认没问题后再告诉中介把钱汇过去，如果不满意则可以要求退款。

如今，支付宝已经改变了人们的生活方式。即便人们身上一分钱都不带，只要带了手机，吃饭、购物等就可以通过支付宝支付。可以说，支付宝加速了无现金生活的到来。

5．网商大会

2004 年 6 月 12 日，由中国电子商务协会和阿里巴巴联合举办的首届中国网商大会在杭州召开，成为马云竞争战略的一个转折点。在与大公司的竞争中，马云构建了基于生态链的竞争模式。“网商”这个新词汇便产生于马云对于生态链竞争的通盘考虑。

6．天猫

2006 年，淘宝推出了“淘宝商城”，发展为后来的天猫，这意味着阿里巴巴开始发力 B2C（Business to Customer）市场。

7. 阿里旺旺

阿里旺旺是以原先的淘宝旺旺和阿里巴巴贸易通为基础整合而成的、专为淘宝商家量身定做的免费网上商务沟通软件。通过阿里旺旺，商家可以更轻松地找到用户、发布和管理商业信息等。其优点在于商家能够及时把握商机，随时与用户沟通，简单方便。利用阿里旺旺即时通讯工具与用户进行线上沟通是淘宝客服与用户沟通的主要方式，国民招呼——“亲”，就来源于淘宝商家在阿里旺旺上与用户的互动。

10

选择适合的推广方式

在电视上打广告、给目标用户发送电子邮件、在地铁和公交车上打广告都是品牌推广的方式。其中，在电视上打广告、给目标用户发送电子邮件属于线上推广方式，在地铁、公交车上打广告属于线下推广方式。了解品牌推广的方式并选择最适合自己的推广方式是树立品牌的关键。

10.1 找出适合自己的推广方式

产品以及目标用户是选择广告推广方式的核心。如果目标用户在线上能够形成社区，那么线上推广就可以找到精准用户。否则，就应当选择线下推广方式。当然，如果成本允许，那么线上和线下推广方式也可以同时采用。总之，哪种推广方式获取有效用户的成本低，那么便可以在这种方式上花更多的心思和资金。

10.1.1 线上、线下孰优孰劣

要想提升品牌的知名度、提高产品销量，就离不开推广，线上与线下推广是两种主要推广方式。对于线上与线下推广的优、劣势对比，大部分人不是很清楚，下面一起来了解一下。

线上推广方式主要包括社会化营销、网络广告、搜索引擎营销（SEM）、手机用户端、分销平台、资源合作营销、分类信息等。推广方式五花八门，但目的只有一个，即提升品牌知名度和提高产品销售额。

线上推广方式非常广泛，由于线上渠道大多免费，所以线上推广的一大优势就是成本低。另外，线上推广可以节省时间，不受地域的限制，非常适合中小企业以及个人。

由于线上推广的优势突出，很多企业和个人都采用了这种推广方式，这就造成线上推广的竞争日渐激烈。激烈的市场竞争导致通过线上推广获得有效用户的成本越来越高，因此要想通过线上推广达到预期效果，就需要企业付出更多精力。

线下推广侧重于使用传统模式，重视现实生活中的交流。线下推广在传统营销中占有很大的比例。例如举办一个成功的线下活动便能引发多种效应。在短时间内将用户群聚集有助于实现企业和用户、用户和用户之间的深入交流。随着推广活动的影响力增大，企业还可借助媒体来扩大舆论的影响力，从而增加扩散性营销渠道、提升品牌的知名度。

与线上推广相比，线下推广的用户定位更加精准，可以直接接触目标用户。对用户来说，他们可以更加全面地了解产品与服务的优势，通过直接接触实物提升对品牌和产品的信任度。而且，线下推广的方式竞争力小，效果明显，更有助于品牌的宣传推广。

线下推广的劣势也是比较明显的，一方面成本相对较高。无论是找明星代言还是举办线下活动、发传单等都需要一定的资金成本，而且企业需要花费的时间和精力更多。另一方面，线下推广明显受到地域限制。若并没有足够的资金、精力，那么线下推广便难以继续，这种方式一般更适合于资金力量雄厚的企业。

线上和线下推广是相互联系的。通过线上推广积累了影响力的品牌可以适时发挥网络推广与目标用户联系紧密、了解市场等优势，策划举办线下活动。在很多时候，线上推广的侧重点是影响力。借助线上推广的影响力来推动开展线下活动，令企业在加强与用户联系的同时，还能获得可观的经济效益。

10.1.2 新零售是线上与线下整合营销方式

通过第 1 章介绍，我们知道新零售时代的营销方式就是线上、线下整合营销。线上、线下整合营销是一种以消费者为中心的营销模式。这种营销模式要求企业利用所有销售渠道让消费者在不同渠道的购物体验衔接起来，从而让消费者在消费过程中享受最大的愉悦。在这种营销模式中，消费者可以自由选择各种营销渠道，如实体店、互联网、手机以及呼叫中心等，随时随地享受极致的购物体验。

面对互联网时代带来的巨大挑战，各大零售商必须采取措施进行变革，否则将被历史潮流淘汰。线上、线下整合营销成为各大零售商的必然选择。美国知名连锁百货——梅西百货在完成了从原先单一渠道向多渠道的转变后，正在加紧脚步全面贯彻线上、线下整合营销策略。

通过大数据分析，梅西百货发现大部分消费者不会局限于一种购买渠道，他们会根据自己的需要选择在网上或者实体店购物。因此，梅西百货要做的就是满足消费者各种渠道的购物需要。不管是在梅西百货的实体店、移动应用上还是在梅西品牌其他消费渠道上，让消费者选择购买梅西品牌才是关键。

“让购物体验简单而周到”是梅西百货线上、线下整合营销策略的主题。梅西百货根据该策略主题展开变革的目的是向消费者提供更快速、更轻松、更高效的购物体验。考虑到消费者购物前往往会在网上了解产品，并到实体店内体验产品的习惯，梅西百货增加了许多新设施，尽可能地将顾客的购物体验做到极致。梅西百货的线上、线下整合策略保证了消费者可以便捷地获得所有必要的产品信息。

梅西百货对于线上、线下整合营销有自己独特的看法：无论是使用哪种渠道，都应当从实体店和网上购物中吸取最好的精华。正如梅西百货的首席执行官特里·伦德格伦（Terry Lundgren）所说，“梅西百货线上、线下整合策略的最终目标是与用户建立更深的关系，确保消费者无论想何时、以何种方式来梅西百货购物，都能够如愿以偿。”

在电子商务逐渐成为一种潮流的趋势下，各大电商企业都用尽心思在网上营造出实体店的消费体验；而伴随着电子商务的日益红火，各大零售商们也开始从网购中汲取经验，将其运用到实体店中。梅西百货的做法是结合两种理念，让网络购物与实体店购物吸取彼此的优点，以贯穿多种购物渠道、始终如一、无缝衔接的购物体验来吸引消费者，赢得市场竞争的胜利。

梅西百货实行的线上、线下整合营销策略，以大数据分析为基础涵盖线上与线下消费市场，极大地优化了消费者的购买体验，目前已取得初步成功。

梅西百货使用并拓展了 RFID （射频技术或电子标签技术）的应用，是美国首批使用该技术的零售商。RFID 通过数据分析可以帮助公司清楚了解不同尺寸、颜色产品的库存情况，方便及时补货。RFID 的成功运用得益于精准的实时库存数据分析，通过 RFID 应用，梅西百货可以很容易地掌握热销产品信息。

在实体店中，梅西百货对各种和销售相关的技术进行了创新。例如引进了新一代加强版的平板电脑和手持终端、设立了梅西联络中心、增加了可通过手机购买产品的电子服务站和大型互动屏幕、开通店内 Wi-Fi、设立智能试衣间、配备电子收据等。梅西百货还改装了商店的付款设备，支持包括谷歌钱包、苹果支付等付款方式，节省消费者排队付款的时间，为消费者带来极大便利。

在梅西百货的实体店里，消费者可以通过自助服务机（Kiosk 信息亭）

搜索化妆品库存，了解和研究产品功能并进行购买。消费者还可以使用谷歌地图获取梅西百货实体店内的地图，在“自导航”中轻易找到自己喜欢的产品品牌。

对于线上营销部分，梅西百货发布了 iOS 版和安卓版的购物 APP，并且不断改进和添加能够提升消费者购物体验的功能。购物 APP 包括 Shopkick 逛街应用、梅西图像搜索应用、梅西手机钱包应用等。

梅西百货发布的相关应用向消费者提供了产品信息获取的渠道，让消费者可就自身感兴趣的产品在这些应用上搜索，由此产生对产品规格、库存以及用户评价等信息的深入了解，而不是在其他移动购物应用上搜索产品信息。消费者还可以方便快捷地了解和存储优惠及打折券信息，享受“预订缺货产品后直接送货到家”的服务。梅西百货网站的数字版时尚购物目录与梅西百货桌面搭配也为消费者提供了优质的购物体验。

梅西百货还与众包当日送达服务供应商 Deliv 展开合作。在美国芝加哥、洛杉矶等销售规模大的城市对 PC 和手机端线上购物的消费者做出当日购买、当日送货上门的承诺。目前，梅西百货已实现全网店通用。

电子商务、移动支付的发展对线下零售商造成了极大的冲击。而梅西百货通过线上、线下整合营销策略很好地应对了互联网时代的挑战，也因此成为国内零售商竞相模仿的对象。梅西百货线上、线下整合营销所带给其他零售商的启示如图 10-1 所示。

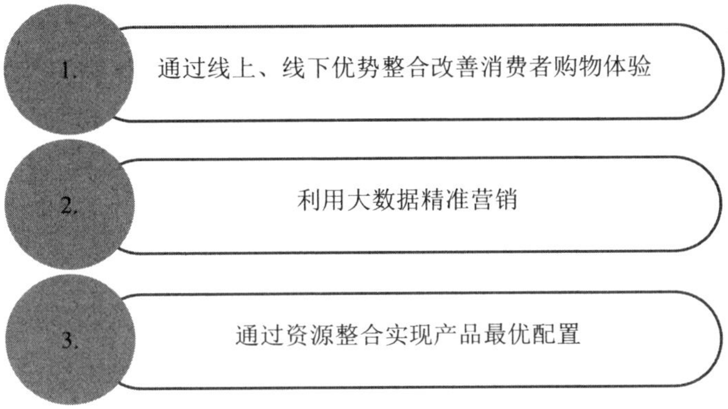

图 10-1　梅西百货线上、线下整合营销给其他零售商的启示

1．通过线上、线下优势整合改善消费者购物体验

如今，兼具实体店体验性和网购便捷性的购物方式越来越受到消费者的欢迎。为了应对百货商店试衣、支付等烦琐环节带来的不良影响，梅西百货在将实体商场体验性强的优势发挥出来的同时还顺应移动互联网的发展，使梅西百货的线下购物变得方便快捷。梅西百货实体店的购物体验兼具体验性、便捷性、舒适性，这使得其实体店人气得以剧增。

2．利用大数据精准营销

梅西百货将线上、线下整合营销过程中所产生的消费者购物习惯、购物偏好以及使用反馈等数据作为大数据分析的数据来源，为店内产品组合优化设置、布局陈设、以及促销活动等经营决策提供了有效依据。

3．通过资源整合实现产品最优配置

企业可以通过线上、线下，以及移动终端资源的有效整合，实现产品的最优配置。梅西百货有效整合了各种渠道的资源，做到了消费者线上购

物，线下实体店直接送达。由此可见，梅西百货的实体店实际上还担当了部分物流、仓库的功能。在基础设施上，梅西百货还增加了很多订单履行中心，负责线上购物的各项事宜。

通过互联网订单履行中心，梅西百货便能很容易地知道从哪间分店调动存货效率会最高。梅西百货的这一系列做法令线上、线下资源得以无缝对接。一方面让消费者享受到了更为流畅的购物体验，另一方面则增强了梅西百货货物存储和周转的能力。

10.2 选择合适的推广渠道

对企业经营者来说，选择推广渠道的时候，不要过度看重渠道的规模。渠道没有好坏，只有合适与否。大家用着都起作用的推广渠道，却不一定适合你的企业；一些推广渠道非常冷门，也许对你的企业帮助却很大。所以，一定要根据自己的产品和品牌选择合适的推广渠道。

10.2.1 10 种线上推广渠道

下面总结了常见的 10 种线上推广渠道，如表 10-1 所示。

表 10-1 10 种线上推广渠道

推广渠道	常见类型	资金成本	劳动成本	效果评估	适合的企业
内部资源渠道	官方网站、官方微博、官方微信公众号	免费	高	高	全部类型
论坛推广	贴吧、猫扑、天涯论坛、综合论坛、垂直论坛	免费/收费	高	较高	娱乐流量型

续表

推广渠道	常见类型	资金成本	劳动成本	效果评估	适合的企业
博客推广	新浪博客、天涯博客、豆瓣、QQ 空间等	免费	高	低	电子商务、贸易
自媒体平台推广	微信公众号、微博、今日头条、百家号等	免费/收费	高	高	全部类型
媒体平台推广	腾讯、网易、新浪、凤凰网等	收费	低	低	全部类型
垂直社群推广	微信群、QQ 群、微博群等	免费/收费	高	高	娱乐类
电子邮件推广	电子刊物、会员通讯、专业服务商的电子邮件广告	收费	高	10% 左右的点击率	电子商务
SEO	SEO 优化获得搜索引擎流量	收费	经验和技术	高	全部类型
搜索引擎营销（SEM）	购买百度竞价，谷歌右侧排名等搜索引擎广告	收费	数据分析、寻找好的关键词	高	电子商务
广告链接推广	常见的有 hao123 等网址导航网站购买链接位置	收费	低	非常高	电子商务

企业可以根据资金、劳动成本以及效果评估等选择合适的推广渠道。

10.2.2 5 种有效的线下推广渠道

线下推广是一种传统的推广方式。在互联网还没有大范围普及的时候，线下推广就已经非常流行了。阿里巴巴、携程等互联网公司和盛大、巨人等游戏公司的早期推广均是以线下推广的方式进行的。尽管当前互联网普及程度高，线上推广渠道多样化，线下推广的作用依然是不可替代的。总体来说，线下推广渠道主要有 5 种，它们目前也是十分有效的推广渠道，如图 10-2 所示。

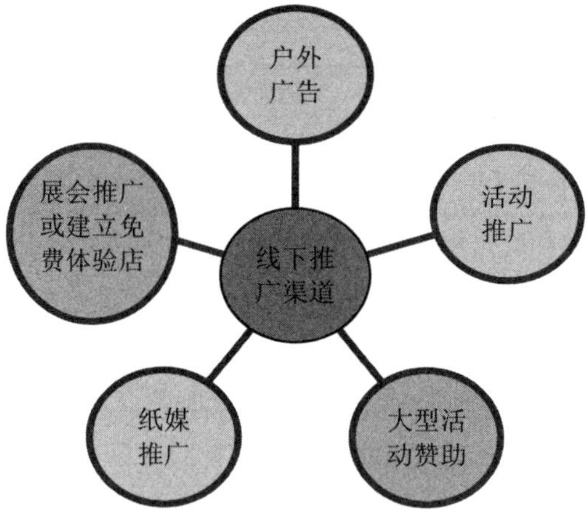

图 10-2 5 种线下推广渠道

1．户外广告

户外广告主要包括交通广告、社区广告和商圈广告等三种类型。交通广告包括公交广告、地铁广告、机场广告等。社区广告包括社区电梯广告、社区灯箱广告、社区框架广告、智能快递柜广告等。电影映前广告、商场框架广告、LED 屏广告、商圈电梯广告等都属于商圈广告，户外广告则是线下推广渠道中最常见并且效果最好的宣传手段。网易、知乎、美团、京东等互联网公司几乎都在地铁刷过广告。

2．活动推广

在人流大的地方进行活动推广是一种常见的线下推广渠道。通过活动推广的方式有助于吸引更多的消费者参与，在现场体验产品以及互动交流则有助于消费者更深入地了解品牌和产品。活动推广并非盲目的，运营者应该把握好大方向，例如用户是白领，那么便可将活动场地设置在商业大楼下；若是大学生，则可以将活动场地设置在校园里。另外，每次推广活动都应当推出一个爆款产品，从而有效吸引目标用户关注。

3. 大型活动赞助

线下赞助推广的好机会包括有拉力赛、球赛、明星演唱会等大型活动。在活动举办的过程中还要请各大媒体进行第三方报道，扩大影响力。然而这些活动因为需要大量资金支持，所以较适合财力雄厚的大中型企业。

4. 纸媒广告

纸媒广告主要包括报纸、杂志等纸质媒体。由于纸媒诞生的时间比较早，具有一定的受众基础，所以在我们的日常生活中也还占据着一定的市场。

5. 展会推广或建立免费体验店

展会推广或建立免费体验店都是为了让更多的消费者参与进来，通过亲身体验增强对产品或服务的印象，然后主动为产品或服务做口碑宣传，进而扩大品牌影响力。需要注意的是，无论是展会还是免费体验店，都需要根据产品特点设置。

线上推广与线下推广并不矛盾，企业可以根据自身品牌和产品特点设置具体的推广方案。

10.3 执行落地及效果评估

品牌推广是一件非常考验执行力的事情。这里需要明确一点，品牌推广没有任何营销秘诀，主要是靠投入和执行力。

10.3.1 品牌推广的执行步骤

品牌推广方案做得好，还需要执行力到位。只有通过执行将推广方案落地，才能真正看到推广效果。下面总结了品牌推广的 4 个执行步骤，如图 10-3 所示。

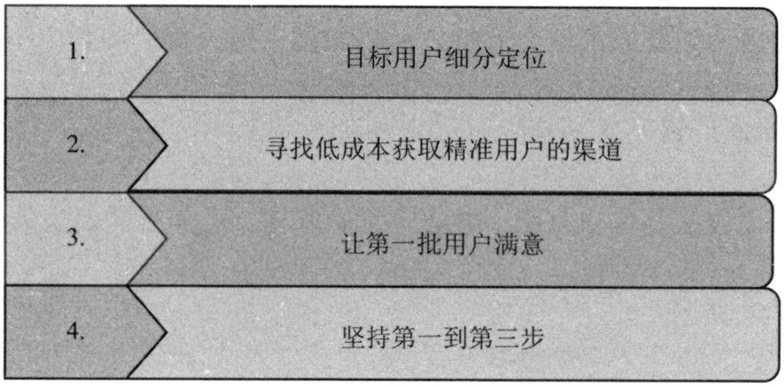

图 10-3 品牌推广的 4 个执行步骤

1. 目标用户细分定位

在移动互联网时代，用户需求越来越倾向于个性化，解决小众用户垂直需求的产品才能获得长期发展。产品圈流传着这样一句话：只做 1 厘米宽，100 米深的事情。雷军在谈起 MIUI 推广时曾说道，“先搞定你的前 100 个用户，服务好前 100 个用户，才能推而广之。”因此，品牌运营者首先要对目标用户进行细分定位，找到自己的核心目标用户群。

2. 寻找低成本获取精准用户的渠道

为了降低推广成本，品牌运营者应当寻找各种低成本获取精准用户的渠道。例如你的公司是为大学生提供服务的，那么可以在大学校园里经常聚集学生的地方发传单、设咨询台、给学校做赞助、做宣讲等。另外，低成本获取精准用户的渠道也可以先让忠实用户在其他社交平台扩散，再以关系链的方式来导入他们的朋友。

3. 让第一批用户满意

用户是否用得开心是一种心理感受，不同的产品取悦用户的切入点不同。如果产品主打社交，那么需要在推广时营造一种热闹的氛围；如果产品是工具型产品，那么一定要保证产品能高效地为用户服务；如果产品是内容产品，那么应当有料。在品牌推广初期，运营者应当提供符合典型用户需求的产品和服务 。

“百思不得姐”作为中国影响力很大的娱乐创意社区，致力于提供各类搞笑、幽默的图片和汇集大量流行、火爆的段子。很多网友把“百思不得姐”作为自己“最喜欢的段子公众号”，并将有趣好玩的内容分享给其他人。除微信、微博外，“百思不得姐”还会通过官网、兴趣部落、贴吧和 QQ 空间等渠道推广公众号上的内容。而其最大的推广渠道则是用户自发的分享与传播。每天都会有大量的网友由于恰好看到朋友的分享而关注“百思不得姐”的公众号，并从此对“百思不得姐”深深着迷。

“百思不得姐”非常擅长新媒体的运营，其通过提供高质量的内容积累了不少人气。但是接下来是走“罗辑思维”社群经济的路线，还是走高端订制咨询服务的路线，就取决于“百思不得姐”自己的选择了。

4. 坚持第一到第三步

品牌推广一份花费时间和精力的工作，既然选择了低投入、高效执行的推广手段，那么就不能心急。所以，品牌运营者要学会坚持，将推广作为一个长期事业来做。

10.3.2 及时评估，精益改良

效果评估与改良在品牌推广中的价值是毋庸置疑的，有利于提升推广成效。下面列举了效果评估需要做的 3 项内容，如图 10-4 所示。

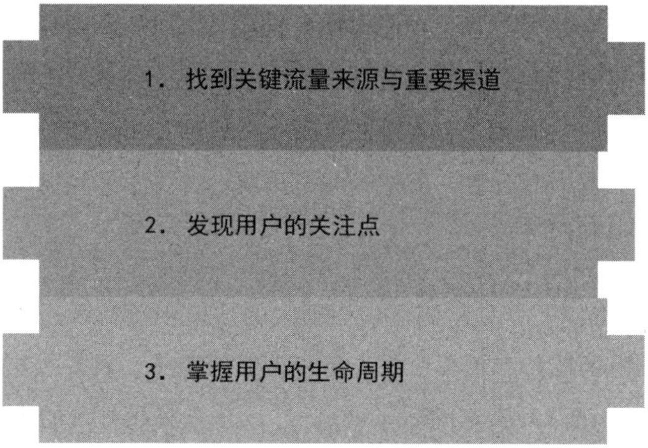

图 10-4 效果评估需要做的 3 项内容

1. 找到关键流量来源与重要渠道

通过分析用户的进入渠道，企业可以发现更多流量的来源，以及需要加强投放的重要渠道。例如分析用户来源是微博、微信、论坛还是门户网站。经过效果评估后，企业将会不断调整营销投放，找到在吸引用户方面最有潜力和价值的渠道。

2. 发现用户的关注点

只有了解用户关注什么，才能为用户提供所需。用户话题的讨论及评论、内容的转发等行为都是企业可以挖掘用户关注点的数据。企业通过分析这些用户数据，可以有效地找出用户的兴趣点和关注点，这有利于企业

在推广内容和形式上及时做出调整。

3. 掌握用户的生命周期

掌握用户的生命周期对企业进行精细化运营具有重要意义，而掌握用户的生命周期就离不开对推广效果的及时评估。企业只有知道什么时候应当对什么样的用户进行哪种内容的推广，才能拉动新用户、激活老用户。

完成效果评估后，企业还需要对推广策略和方向不断优化。例如搜狐为宝马 3 系和宝马 X6 的消费人群分别制定了不同的标签，其中宝马 3 系的标签为“中高档汽车购买人群”，宝马 X6 的标签为“高档进口汽车购买人群”。在这两大类标签的基础上，搜狐为宝马 3 系和 X6 又分别制定了不同的兴趣标签和关键词组。通过推广效果评估发现：IT、理财等兴趣组人群对高档进口汽车宝马 X6 更感兴趣；游戏、旅游等兴趣组人群对宝马 3 系更感兴趣。

可以说，用户兴趣偏好的发现为企业精准的广告投放提供了更有力的支持，而且通过效果评估来定位更感兴趣的人群，极大地提升了推广效果。

11

微营销，塑造品牌知名度

伴随着互联网技术的愈发成熟，用户需求也开始变得更加精细和多样，这意味着细分市场正日渐成熟。为了应对快速变化的市场，企业要建立起一套灵活的管理思维，优化企业结构，以便轻装上阵，“微营销”的概念应运而生。微营销首先以营销战略转型为根基，再通过企业营销策划、品牌策划、运营策划和互联网思维来突破固有的营销模式。实现微营销的方式包括APP、微博、微电影、公众号等。

11.1 适应微品牌的社会化营销方式

微营销在线上的表现就是社会化营销。对于创意丰富、乐于接受新传播手段的微品牌来说，低成本、高性价比的社会化营销方式是非常适合的。

11.1.1 什么是社会化营销

社会化营销指的是利用在线社区、博客、百科以及其他互联网平台、媒体来传播和发布资讯，从而实现营销和销售的一种方式。一般来说，社会化营销工具包括微博、论坛、QQ、微信等。

社会化营销的效应远远大于传统的小众口碑传播。用户在社会化媒体上并不需要面对面，甚至根本不需要认识就可以借助微博、微信等社会化媒体工具来达到一传十、十传百的营销效果，从而把企业的营销信息扩散开来。社会化营销的速度快，而且覆盖面广泛。

小米就是得益于社会化营销，在短短两年多的时间里成为手机行业的黑马。小米社会化营销的渠道有四种，分别为微博、论坛、QQ 空间和微信。小米利用微博和 QQ 空间的媒体属性做口碑传播，利用微信做客服平台，而利用最早使用的论坛沉淀老用户。

小米的核心用户是手机发烧友。用户最初使用小米产品的时候，使用 MIUI 给手机刷机的门槛非常高。单单依靠微博传播的方式太过于碎片化，很难沉淀用户，于是小米创建了论坛，以论坛来沉淀几十万名核心用户。在经历了用户沉淀以后，小米就开始借助微博、QQ 空间等社会化媒体的力量来全力传播小米的口碑。

截至2017年8月，小米论坛粉丝超过1000万人，QQ空间有将近1500万名粉丝，微博和微信都有1000多万名粉丝关注。小米论坛的用户流量非常大，每天活跃用户超过100万人次，发帖量达25万人次以上，比同类厂商高出10倍。

对于其他企业来说，每一家企业面临的具体情况都不一样，所以选择社会化媒体传播渠道要视具体情况而定。社会化媒体传播渠道的选择应以产品需要为中心。

11.1.2 社会化营销的3个条件

尽管社会化营销的效果惊人，但不是所有企业都可以效仿的。企业要进行社会化营销，首先要具备3个条件，如图11-1所示。

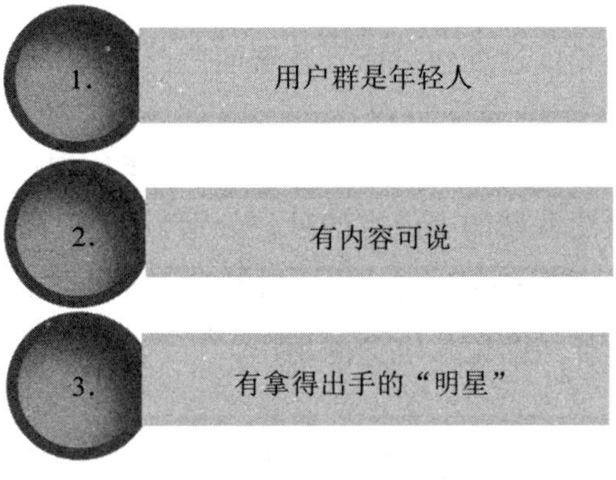

图11-1 社会化营销的3个条件

1. 用户群是年轻人

小米属于智能手机行业，主要用户群是年轻人，所以利用微信公众号、官方微博、QQ空间、论坛等社交平台和用户沟通迎合了年轻人的心理。

但是其他行业不一定适用。例如针对老年用户群的保健品企业，设立微博、微信跟用户沟通对话就不太现实。

2. 有内容可说

小米公司的产品线有很多，发布新产品的时间间隔不会太长，MIUI等软件每周都会更新。像小米一样的公司有很多可以说的内容，做社会化营销拥有天然的优势。但是一些产品固定、更新换代缓慢的传统企业就没有太多可以宣传的内容，这一类企业很难进行社会化营销，可谓“巧妇难为无米之炊”。

3. 有拿得出手的“明星”

这里所指的“明星”可以是一个人，也可以是一个产品。例如乔布斯就是科技界的明星，他去了哪里、说了什么话都是新闻，是苹果产品最好的代言。在乔布斯去世之后，苹果公司的明星就是苹果产品，所以苹果公司依旧可以凭借其明星产品上新闻头条。

雷军在小米发展的初始阶段是当之无愧的明星。在小米产品的发布会上，雷军总是会亲自为粉丝讲解小米的产品信息。而随着小米公司的不断发展，众人也对黎万强也渐渐熟知，黎万强逐渐成为了小米公司的“男二号”。锤子科技创始人罗永浩，聚美优品创始人陈欧等都走上了“企业明星”的路线。

企业最终还是靠产品说话，不应该将全部希望寄托在营销上。苹果没有刻意进行社会化营销，但其产品依然受到全世界的人们的青睐，这足以证明产品的创新能力是产品营销的最有力武器。

11.2 微博营销

现代快节奏化的生活方式将人们的时间碎片化了，使得很多用户都形成了一种浅阅读的阅读方式。微博为用户提供了一个阅读环境，用户可以随时随地发表自己的想法，当然，字数在140字以内。这种方式在很大的程度上简化了传统媒体的传播方式，加上微博用户端的成熟以及用户的普及，使得粉丝可以随时随地阅读自己关注的信息和已发布消息。微博作为一种典型的社会化营销方式，其传播效率和用户黏性是其他媒体所无法相比的。

11.2.1 话题要有趣、有料

在微博营销中，内容是最重要的。如果话题有趣、有料就能迅速吸引用户进行自发传播。传统的营销方式通过电视、广播、报纸等媒体渠道不断提醒消费者品牌的存在，而微博营销则通过为用户提供具有吸引力的内容来扩大品牌影响力。要想在五花八门的营销内容中脱颖而出是很困难的，它需要巧妙的方法。

一般来说，用户都喜欢有料的信息内容，所以如果微博营销的内容包含有价值的资讯，就能够吸引更多用户的关注。另外，很多有趣的视频也能在微博上达到惊人的传播效果。与文字图片相比，视频更加适用于当今视觉化的时代。

可口可乐换新装时进行的歌词瓶营销，堪称营销界的经典案例。当时，可口可乐在微博上制造了“最打动你的歌词”话题，只要转发可口可乐的相关微博并@一个微博好友就有机会获得专属订制“歌词瓶”的可口可乐。“最打动你的歌词”这一话题有趣、有料，触动了很多网友的心，使他们纷纷加入传播话题的大军中，并向他人分享自己的美好回忆，这也使得可口可乐的换装活动形成了病毒式传播的趋势。

有趣、有价值的内容拥有天生的优势，用户可以自发地为企业进行广告宣传而不需要任何的汇报。在市场上，企业所发布的信息几乎都是赤裸裸的广告内容，相比之下，一些经过加工的、具有很大吸引力的品牌自然会受到粉丝们的热烈追捧。

11.2.2　善于借助社会热点事件

社会热点事件经常成为全民瞩目的焦点，品牌运营者如果能够顺应大环境，借助社会热点事件为营销造势，那么可以为企业节省大量的成本和精力。当社会热点事件受到持续关注后，借助社会热点事件做营销的企业很多，这时品牌运营者另辟蹊径的奇思妙想就显得尤为重要。下面一起看借助社会热点事件进行微博营销应该注意的 4 个问题，如图 11-2 所示。

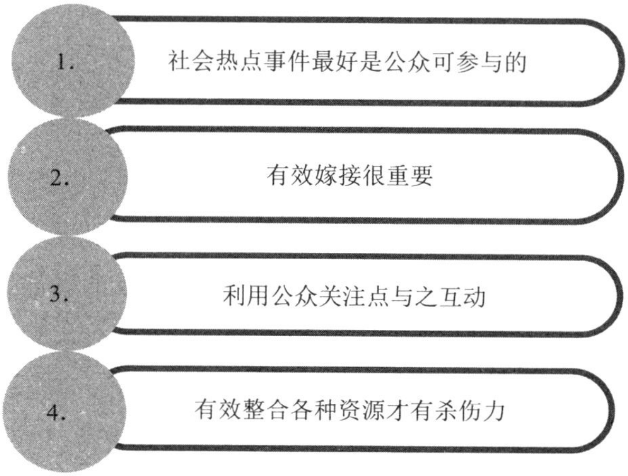

图 11-2　借助社会热点事件进行微博营销应该注意的 4 个问题

1. 社会热点事件最好是公众可参与的

实际上，大众关注社会热点事件的目的往往是娱乐自己，所以微博营销借助的社会热点事件最好是公众可参与的。对于借助社会热点事件的微博营销来说，影响范围的扩大而越好。著名营销人士黄先仁说过，很多企业的微博营销之所以都以失败告终，其主要原因就在于缺少公众的参与，即借助的主体事件本身就缺乏引人注目的影响力。

2. 有效嫁接很重要

借助社会热点事件进行微博营销，观察力和想象力很重要。将公司产品或者概念有效融入到社会热点之中，而且要做得不露痕迹才能达到借势传播的效果。

3. 利用公众关注点与之互动

企业可以找到引起公众兴趣的关注点，将企业与事件关注点结合起来，吸引公众的自发参与，通过沟通来创造事件以外的真正价值。实践证明微博营销若能能吸引公众参与互动，那么便能获取较好的效果。

“世界杯”曾经引起了一场营销风波，但是只有很少的品牌营销取得了成功，新浪网是这场营销风波中的赢家之一。借助“围观世界杯”的话题，新浪网吸引了众多网友的关注，更是有数以万计的微博用户参与了实时评论。由于新浪网对世界杯进行了 24 小时的全天候刷新，所以也就形成了网友评论异常火爆的局面。

4. 有效整合各种资源才有杀伤力

社会热点事件具有时效性，通常只能维持很短的时间。社会热点事件受关注程度随着时间的流逝呈现下降趋势，因此在利用社会热点进行微博营销的时候，企业要在短时间内就有效地整合各种资源。

社会热点事件的发生、传播以及炒作都是在互联网环境中发生的。每出现一个社会热点事件，各大媒体以及品牌商都会做出快速反应。之所以会这样，是因为借助社会热点事件来营销已经是各大媒体和品牌商竞争传播的一大重要方式。

11.2.3 借助微博大 V 的影响力

微博营销是通过点对面资源投放实现营销推广目的的典型代表，其便利性和易传播性使得微博成为营销渠道中的时尚宠儿。企业进行微博营销时，仅依靠自己的微博影响力是不够的，所以大部分企业会借助某些微博大 V 们进行微博营销。

在微博的世界里，大 V 通常拥有上百万甚至上千万名粉丝。他们更新一个动态，很多粉丝会毫不犹豫地认同并将这些信息转发给自己的粉丝，形成巨大的影响力。企业通过大 V 们传播营销信息的效果远远好于在电视或其他媒体平台上打广告。企业只需要和大 V 们沟通好，往往就可以获得理想的营销效益。

获得数亿元B+轮融资的哒哒英语在最初就是依靠微博大 V 做推广的。至 2017 年 9 月为止，哒哒英语已经成立四年半的时间。作为我国首批进入在线少儿英语教育领域的哒哒英语在发展初期，由于大部分家长没有在线教育的意识，所以面临着推广难题，但最大的难题还是家长的不信任。

2014 年，哒哒英语的创始人郅慧发现了一个现象：在微博上，一些粉丝数量大的家长，每次发自家孩子吃喝玩乐的照片就会有人提问孩子的穿衣品牌。发现机会的郅慧于是迅速地开始了微博营销。郅慧找到核心微博大 V，通过给他们孩子免费赠送课程的方式使其形成自发传播。在微博大 V 的号召下，初创期的哒哒英语很快便收获了成千上万名新用户。

对企业来说，利用微博大 V 的影响力来做微博营销是一个不错的选择，其优势如图 11-3 所示。

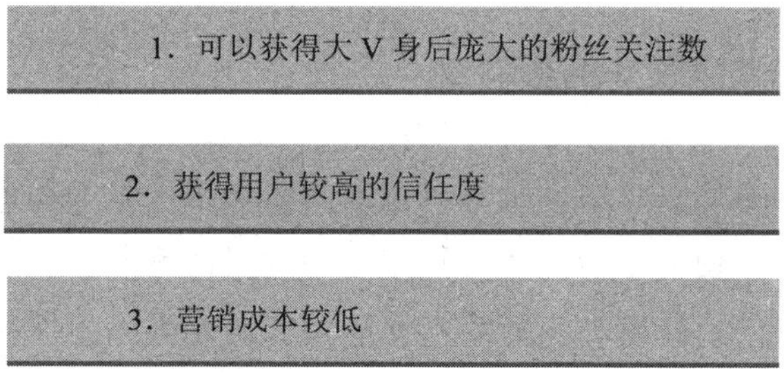

图 11-3　利用微博大 V 的影响力进行微博营销的优势

1. 可以获得大 V 身后庞大的粉丝关注数

如果微博营销中有微博大 V 的参与，那么对于企业来说，他们背后的粉丝就唾手可得。衡量微博用户影响力的大小主要有三个指标，分别是用户关注数、消息被转发的次数以及被@的次数。在微博营销中，这三项指标依然可以用来衡量微博大 V 的营销效果。

在这三项指标中，微博用户关注数是最核心要素。与其他营销方式相比，微博营销的纽带就是粉丝。在微博营销的传播关系中，粉丝既是信息的接受者，又是信息的发布者。一旦粉丝参与了微博营销活动中，他们就成了产品的潜在消费者。

因此，微博用户关注数量直接影响转发、评论的机会，间接影响了微博营销的效果。微博大 V 少则几百万多则几千万名用户关注数，可以达到最大限度的转发次数和@次数，从而为企业的微博营销活动提供了强有力的保障，为产品带来更多的潜在消费者。

2. 获得用户较高的信任度

现在越来越多的用户相信互联网上陌生网友的评价。一般来说，一旦某个微博用户得到了其他微博用户的信任，受到广泛关注以后，他们的动态信息就会成为用户锁定的信息来源，他们就成为影响他人态度的意见领袖。对于粉丝来说，意见领袖的一言一行、所作所为都值得重视，他们的意见和观点甚至比亲朋好友更具有说服力。

微博大 V 作为意见领袖，其言行所带来的影响力是无法估量的。有了关注者的信任后，微博营销的效果也会增强不少。

3. 营销成本较低

传统广告的宣传费用往往上千万元，而微博营销的费用则相对较低，仅需要向合作的微博大 V 们支付宣传费用。微博营销不需要复杂的行政审批程序，也省下了支付给广告播出平台的大笔开支，在人力、物力以及时间成本上都是非常合算的。

而且，微博营销还以较低的价格收获了微博大 V 背后的关注用户。与传统广告相比，这些关注用户更加直接，为实现潜在消费者群体的挖掘以及变现提供了有力保障。

11.2.4 海尔官微营销心得

一般来说，企业官微隶属于企业的公关、品牌或营销部门，大部分是不能自主决策的。所以我们看到很多用户@企业官微基本上都没有得到回复。从这种意义上说，海尔的官微算是一个特例。

2016 年 1 月，名为“故宫淘宝”的一位粉丝提意见说，我想要一款叫作冷宫的冰箱，这样我往里面放东西的时候就可以说“给朕打入冷宫。”大家都只是当段子一听，没想到这条微博火了，还有一位粉丝@海尔官微，如图 11-4 所示。

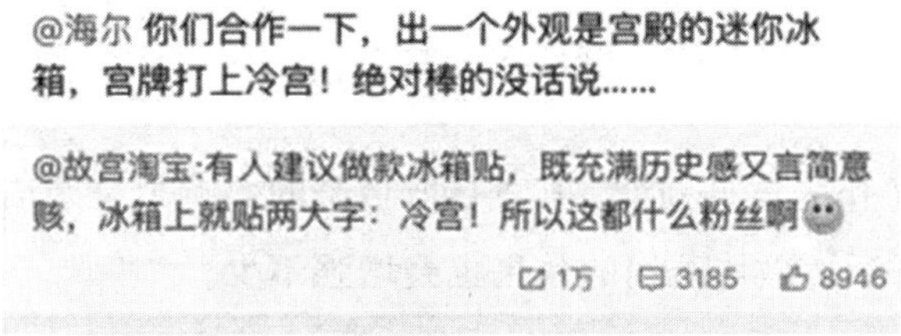

图 11-4 粉丝@海尔官微的内容

让人意想不到的是，海尔官微在第一时间转发了这条微博，并表示要考虑考虑。实际上，海尔官微经常跟粉丝这么互动。当天晚上，这条微博就火了，海尔官微收到 7 万多条私信、回复、点赞等。

海尔官微运营人员从中提练出将近 5000 条非常有价值的产品改良意见，并整理出用户的大数据，包括用户层次、年龄段、购买力以及产品预期等。当天晚上，通过和海尔冰箱制造部门的沟通，海尔决定制作这款冰箱，并在 24 小时之内还将这款冰箱的工业设计图发在了微博上。

七天之内，海尔官微收到了 1000 多名用户的反馈意见。比如一位用户说，冰箱设计的结构应当真像一个冷宫一样，窗户如同宫廷的那种窗户……有一些独具创意的设计连海尔的工程师都未曾想到。最终，海尔借助 3D 打印技术将这款冰箱展现在了这个用户面前。

冷宫冰箱的案例表明，海尔把用户当成了企业的合伙人，海尔用户可以参与产品研发、设计、制造、营销的整个过程。

以前，如果用户要绿色的冰箱，企业可能会说，我们只有银色和白色的。然而现在海尔会告诉用户：我们有一个名为“海尔定制”的 APP，在这个 APP 上,你可以自主下单。比如想要为结婚纪念日定制一款海尔冰箱，就可以通过 APP 把照片发上去，选择技术参数进行设置。海尔拥有九大机器人工厂，每一个机器人头上都拥有着一个传感器，定制的冰箱若到了喷砂组装或物流环节，那么机器人传感器便会通过 APP 进行实时反馈。

11.3　微信营销

微信营销通过点对点的资源投放来实现点对点的营销方式。微信营销可以让每一个用户都能看到企业传播的信息，掌握企业的最新动态。微信营销的范围小，但营销质量比较好。

11.3.1　微信营销的 3 种方式

自 2013 年微信开始火爆以来，星巴克、海底捞、今日头条、小米、华为等通过微信营销取得成功的案例数不胜数。

中国南方航空公司总信息师胡臣杰曾表示，“对今天的南航而言，微信的重要程度等同于15年前南航做网站。”由于南方航空公司非常重视微信营销，所以将微信与网站、短信、手机APP、呼叫中心一起列为南航五大服务平台。由于南方航空公司不断地完善其微信功能，用户也可以通过和南航公众号平台办理机票预订、办理登机牌、查询航班动态等业务。

根据企业营销目的不同，微信营销可以分为以下3种方式。

1. 通过微信公众号营销

如果企业进行微信营销的目的是塑造更完美的企业形象和品牌，而且企业产品单价较高，可达上万元，那么适合使用微信公众号的营销方式来强化企业的品牌形象。这种微信营销方式在短期内不会产生明显的效果，需要企业具有一定的实力，但是长久来看其作用是巨大的。

2. 通过微信完成订单

通过微信完成订单也是一种微信营销方式，这种方式适合电影票、服装、面膜等产品。

3. 口碑营销

拥有一定资源用户的企业适合通过微信来进行口碑营销，例如美甲店、美容店、保健品店等。这些店可通过微信群或者其他的微信营销方式进行口碑宣传，增大品牌的知名度，促进二次消费。

大多数企业进行微信营销的目的是扩大企业产品和品牌的知名度，微信朋友圈、公众号、扫描二维码、摇一摇等功能均能通过互动达到一定的效果。以漂流瓶为例，招商银行曾经发起了一个微信爱心漂流瓶的活动：微信用户捡到并回复招商银行的漂流瓶之后，招商银行便会通过“小积分，微慈善”这一活动平台向自闭症儿童提供一份帮助。用户在活动期间平均每捡到的十次漂流瓶中便会有一次捡到招商银行爱心漂流瓶。

微信营销是一种点对点的资源投放，因此微信可以实现向某一用户、某一区域或者某类人群的精准营销。企业可通过搜索向某一特定人群进行信息推送，也可借助扫描二维码、关注公众号等方式来获取精准用户，然后定期推送消息给目标用户，让用户通过微信支付功能实现产品交易。

11.3.2 微信公众号获取粉丝攻略

下面一起来看微信公众号高效获取粉丝的 6 种方法，如图 11-5 所示。

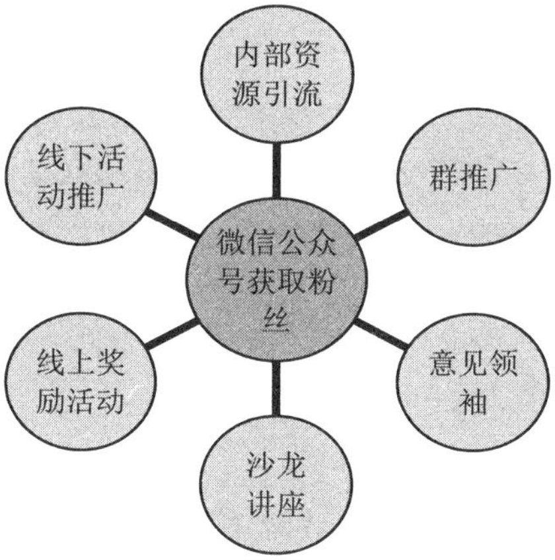

图 11-5 微信公众号高效获取粉丝的 6 种方法

1. 内部资源引流

内部资源引流是微信公众号获取粉丝的最常用手段。有些公司将主要精力放在网站或者独立的 APP 上，而将微信公众号作为其宣传的辅助工具。在该情况下，若要达到宣传目的便可从内部资源切入，利用各种流量入口来为微信公众号进行有效的导流。

如果公司有自己的官网，那么可以在官网上添加关注微信公众号的图片。通过官网渠道来获取粉丝是比较稳定的方式，可以观察若撤掉其他渠道，每天会有多少增加的粉丝量，这些基本都是从官网转换来的。对此，运营者掌握一个基本的比例，比如官网一天一万个浏览用户带来的粉丝数量是多少。

一般来说，企业或个人在运营公众号之前都运营着微博并积累了一定的微博粉丝。有粉丝基础的前提下，在微博首页上添加微信公众号的二维码图片，每天都会带来一定数量的粉丝。若微博并没有什么粉丝基础，那么也不必着急，可以从现在起建立与微信公众号主题相关的微博，开始微博运营。

微博是一种一对多的社交媒体，注重内容和互动。具有影响力的微博可以引进很多粉丝，这就有利于在互动时随时推广公众号。例如在运营微博时，可以将公众号和二维码都放入图片进行宣传。

2. 群推广

在目标用户群集中的微信群、QQ 群推广便是我们所说的群推广。很多时候运营者在把文章推送到群里就不再管了，这样容易导致内容被用户忽视，即便文章内容的确很优质。因为这种做法就像推送广告一样，冷冰冰的并且没有人情味，用户是不会喜欢的。

有感情的文章容易被用户喜欢，这无关文章的情怀，而关乎互动。如果在转发文章的时候，附上自己的观点，或者引入文章中几个比较经典的话题，就能引起用户的兴趣。当用户选择点开阅读时，就极有可能受文章的吸引而去关注相应的公众号。

3．意见领袖

在用户心中具有一定信任基础和号召力的人，甚至相当于产品代言人的便是意见领袖。由于用户根基不稳，公众号运营团队尤其是初创团队需要在对应的行业中寻找专业人士来帮助宣传，以建立良好的口碑。意见领袖的作用就在于其不仅可以帮助公众号吸引粉丝，还有利于树立起公司的良好口碑。

意见领袖的范围非常广，包括自媒体人、明星、QQ 群主、微信群主，以及网络红人等都可以以意见领袖的身份来帮助宣传公众号。若前期缺乏这些资源，那么便可以通过熟人介绍的方式与他们取得联系。互联网是开放的，不管是多遥远的关系，只要顺着一层层的人际关系网络寻找就能认识想要认识的人。

4．沙龙讲座

有一定的干货可以分享给大家，是通过沙龙讲座获取粉丝的前提。组织沙龙讲座的活动可通过微信展开，由其他微信公众号分享传播出去。用户的参加方式是直接在微信上报名。在演讲结束时还可贴出自己的公众号，例如“想要了解更多，请关注×××微信公众号”。但若自己没有干货，那么可以请有经验的朋友或专家来分享。

5．线上奖励活动

线上奖励活动包括发红包、投票、抽奖等。一些用户会比较关注物质奖励，而一些用户则更关注精神奖励。运营者需要依据自身公众号的定位和功能，结合用户特征来开展活动吸引用户参与。物质奖励包括红包、话费充值等，精神奖励则包括积分兑换等。

6. 线下活动

地推是一种获取粉丝的简单方式。对于地推，运营者应该有一个大方向上的把握。例如用户若是上班族，便可以在商业大楼下面进行地推；若是大学生，便可以在校园里进行地推。地推的地点应在用户集中的地方，且人越多越好，在地推时还可通过赠送小礼物的方式来获取用户。

在各种推广渠道中，运营者应当尽量找到自己最擅长的渠道，让粉丝自然增长。可以在某平台上稳定获取粉丝，那么该平台就是你擅长的渠道。例如微博可以每天稳定地带来 50 名粉丝，知乎可以每天带来 30 名粉丝，QQ 空间可以每天带来 20 名粉丝，那么这些就是所最擅长的渠道。若在微信群中推广了几天却仍然没有吸引任何粉丝，那么便说明这个渠道并不是你所擅长的，应该尽快转变营销方式或转变营销战场。拥有擅长的渠道，好处就是每天都能获得稳定的粉丝，而不是这一天增加了 1000 名粉丝，过两天却一个粉丝都没有。

11.3.3 搞好微信活动的要点

很多企业希望通过微信营销从粉丝身上获得商业利益，这就要求企业重视与粉丝之间的互动，提升粉丝参与度。微信活动为企业与粉丝互动提供了机会。下面分析惠州龙门鲁冰花童话园是如何发起“拆礼盒送门票”的微信活动并取得圆满成功的。

惠州龙门鲁冰花童话园发起的“拆礼盒送门票”活动在推出 48 小时

内就疯狂获得了 7000 多名粉丝，互动突破 14 万人次，在微信朋友圈阅读量超过 100 万人次。在线下，该活动为景区带来了火爆人流，周末两天景区游客爆满，600 间客房全部订完。惠州龙门鲁冰花童话园为了保证游客的游玩质量而不得不限制入园的人数，景区人气更是达到开园以后的巅峰。

在当前微信活动收效甚微的大背景下，鲁冰花童话园此次微信活动却获得了粉丝、利润双丰收。对此，我们总结了以下 5 条经验，如图 11-6 所示。

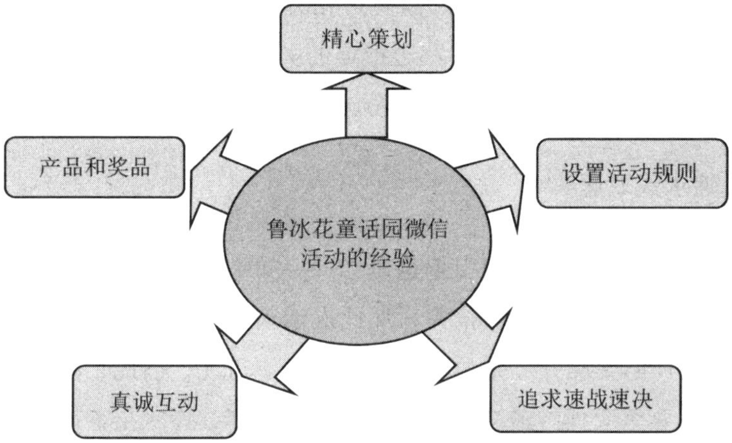

图 11-6 鲁冰花童话园微信活动的经验

1. 精心策划

微信活动在发起之前需要精心策划，包括对活动表现形态、活动规则、活动开始时间、活动奖品以及兑奖细则等环节反复琢磨。

在鲁冰花童话园的“拆礼盒”活动中，运营者对游戏界面、转发后在朋友圈的标题内容等细节都进行了精心策划。另外，运营者把广告、礼品以及激励词语等完美融入朋友圈话题标题，起到了很好的宣传效果。

2. 设置活动规则

在活动前，运营者精心选择游戏的互动方式，最终选择了“拆礼盒”游戏。该游戏操作简单，互动性强，只需要参与者转发活动页面至微信群或朋友圈邀请 5 位好友帮忙拆开礼盒便有机会中奖。

为了保证粉丝的数量和质量，运营者在设置游戏规则时，还加入了一个要求，那就是参加活动的用户需要首先关注鲁冰花童话园的官方微信公众号——尚天然，再向公众号发送指定的关键词“礼盒”，才可以有效参与活动。这一规定为该公众号获取粉丝超过 7000 人。

3. 追求速战速决

兵贵神速，微信活动的引爆也是如此。如果用户已经不感兴趣，而活动仍在进行，奖品还没有被抢完，那此次活动基本宣告失败。因为对于用户来说，这样的奖品并不是抢来的，显得可有可无。因此，活动在启动和引爆时必须要争取拥有最多数量的第一批参与者。鲁冰花童话园本次主要通过活动预告锁定了第一波参与者。

公众号运营者在活动开始的 6 小时前就开始在朋友圈预告活动——“今天晚上 8:30 锁定尚天然微信公众号，不见不散”，所以在该活动正式开始之前就已经成功获得了上千人的关注。

4. 真诚互动

在互动过程中，奖品只能吸引少数用户参与进来，而真情实感却可以打动更多人。在本次活动中，运营者没有使用传统活动推广中常用的“苹果手机”等外购奖品，而是直接将园区门票作为活动礼品。在原本预算中，200 张门票是为一周活动准备的，而实际上活动开始不到 12 小时，200 张门票就已经被抢光。

于是，运营者提前结束了第一次活动。考虑到很多用户会因为抢不到门票而失落，运营者临时决定追加 100 张门票，发起第二次活动。于是，我们看到了第二天晚上发起的“【感恩】答谢之礼——再来 100 张感恩票”活动。同时，运营者公布了第一次活动的中奖名单。而第二次活动在发起后的 12 小时内，参与人数更是达到了 33426 人次。这既达到了留存第一次活动粉丝的目的，又实现了粉丝数量不断增加的新目标。

为了维护粉丝，增强粉丝对鲁冰花童话园的了解和文化认同，运营者制作并推送了《鲁冰花故事之“来一斤母爱”》场景故事文章，凭借感人的故事来讲述鲁冰花童话园名字的由来。虽然该故事文章非常长，阅读会消耗大量的手机流量，但阅读人数仍在一夜之间突破了 2000 人次。

5. 产品和礼品

一个好的活动推广离不开好的产品和礼品。微信活动的成功与否最终由活动推广的产品和礼品来决定。

鲁冰花童话园此次举办的微信活动之所以获得成功的根本原因在于：投资 1 亿多元，拥有占地约 67 公顷的浪漫花海的鲁冰花童话园对年轻人有着巨大的吸引力。在推广过程中具有很大吸引力的产品本身就是最好的奖品，例如鲁冰花童话园的门票。但是当产品并不具备很强的传播力和吸引力时，运营者应当考虑借助“苹果手机”等比较吸引人的大众消费品引爆活动。

11.4 微电影营销

微电影营销既不是商业化的影视大片，也不是通常意义上的视频短片，而是介于两者之间的一种新媒体网络化的营销手段。在微电影营销中，微电影主要描述品牌故事，其背后离不开专业化制作团队以及商业驱动力，这样才能够使观众享受商业电影一般的视觉效果与情感过程。

11.4.1 微电影营销 4 个成功法则

前几年，微电影主要是企业突发奇想的偶然性营销尝试，现如今微电影营销已经成为各大企业最喜爱的营销方式之一。然而，在轮番上阵的微电影营销中，怎样才能巧妙平衡品牌信息与艺术性，真正打动观众的心，让观众自发进行口碑传播呢？下面通过 4 个微电影营销案例总结微电影营销的 4 个成功法则，如图 11-7 所示。

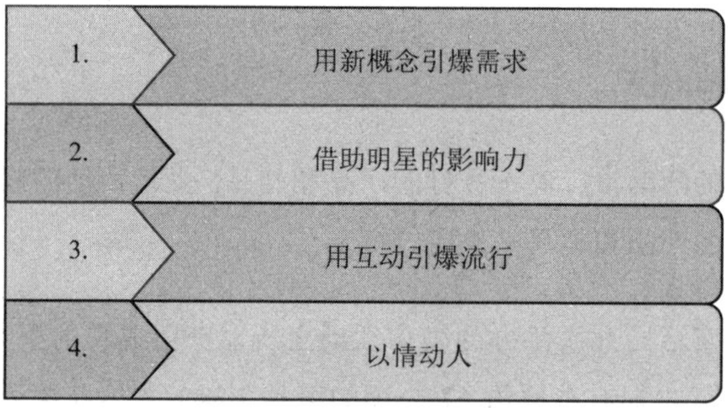

图 11-7 微电影营销的 4 个成功法则

1．用新概念引爆需求

汽车品牌 MINI 推出的微电影《MINI PACEMAN 城市微旅行》在上海

举行首映后的反响非常好。这部微电影之所以受到人们的好评，原因在于运营者用这部微电影阐述了一个新概念——城市微旅行。城市微旅行指的是人们即使工作繁忙也可以在居住的城市，展开短则半日，长则数天的旅程，发现城市不为人知的美。"

在电影里，作家冯唐、酒店控文林和绿茶餐厅老板路妍驾驶着 MINI PACEMAN 在自己扎根的城市里行走，发现其中的美。由于这部微电影发布在新车 MINI PACEMAN 上市之前，所以既为新车的上市做了推广宣传，又让这款全新车型成功成为城市微旅行的代名词，作为了一种生活态度的象征，以此创造出了一个独有市场。

《MINI PACEMAN 城市微旅行》的成功对品牌运营者的启示是发现消费者的某种潜在需求。在微电影中便可通过一种新型概念来唤起消费者的潜在需求，把这种潜在需求巧妙地和品牌联系在一起。

2. 借助明星的影响力

《因情圆缺 2：代理相亲》是哈根达斯推出的微电影。无论是创作团队，还是演出团队，阵容都非常豪华。该电影由新晋导演李蔚然担任导演，拥有 750 万名微博粉丝的“作业本”担任编剧，主演则为李晨、王丽坤、曹炳琨等实力派演员。导演、编剧、主角、粉丝人数再加上幽默、温情的内容，令这部微电影轻轻松松就获得了 3000 多万人次的播放量。

在当今信息时代的背景下，而用户的注意力则变得珍贵。微电影邀请明星加入，可以吸引用户的注意力，从而保证影片的成功。

3. 用互动引爆流行

《爱的定制》微电影由广州天创时尚鞋业所推出，该微电影的传播效果极佳。不同于与传统单向的品牌理念灌输，在内容的制作和推广过程中，该微电影充分发挥出了互动特性。首先是在剧情的安排上，《爱的定制》采用开放式结局——男主角所思念的神秘女孩始终没有曝光，这种悬念设置便是接下来互动的前提和背景。

运营者在结尾悬念引申方面与观众互动。在微电影发布会上，运营者宣布开启“寻爱之旅”，即寻找最佳女主角。在发布会现场，运营者设置了互动活动，邀请在场嘉宾和观众共同投选出心中的最佳女主角，投票活动也同步在微博线上进行。

微电影制作团队和香港作家素黑小姐以及资深影评人藤井树小姐在电影发布会结束后，与观众一起在上海电影博物馆讨论微电影中的情感线，并讨论了女人与鞋子之间微妙的关系。在深圳，运营者组织了快闪活动，80 位身着粉色芭蕾舞衣和白色蓬纱裙的顶尖舞者手捧天创时尚 ZSAZSAZSU、KISSCAT、KissKitty、tigrisso、PATRICIA 五大品牌的明星鞋款共舞，吸引了数百人驻足围观。而同时在街上大荧幕上播放的《爱的定制》也吸引了无数路人驻足欣赏。

《爱的定制》以巧妙的互动策划和有效执行提高了目标群体的参与度，并且还获得了理想的营销效果。该案例给品牌运营者的启示是，微电影营销不应该像传统广告模式那样向消费者硬性单向地灌输品牌理念。若要有效培养消费者对品牌持久的关注度，企业便要通过吸引更多消费者参与到微电影的互动对话中的方式来实现。

4．以情动人

《A Memory to Remember 记忆月台篇》是独立内存产品制造商金士顿推出的微电影。这部只有 7 分 32 秒的微电影在 10 天内就吸引了台湾 6 家新闻电视台主动为其做专题报道，舒淇、刘若英等明星也主动推荐这部影片。金士顿主推的金色 U 盘在微电影里出现不到 2 秒，但依然受到追捧，甚至一度出现缺货状况。

这部微电影改编自一则地铁遗孀请愿新闻。老妇人的丈夫曾经是地铁播报员，丈夫去世后，老妇人由于一句“mind the gap”的地铁广播而在地铁月台守候了数年。当广播的声音换成电子系统后，老妇伤心地请求换回她丈夫的声音。

故事虽短，却蕴藏着感动的力量，观看者无不心动落泪。这种对美好记忆的眷恋正好暗合了金士顿“记忆，永远都在”的品牌主张。

该案例对品牌运营者的启示是，情感可以创造品牌，微电影营销与情感体验营销结合在一起往往能收获意想不到的成功。

由此可见，微电影营销是一种潮流，并且越来越多的企业正在加大对微电影营销的投入。然而，微电影营销为企业带来口碑和机遇的同时也在制作和传播上存在隐患，这就对品牌运营者与微电影的制作团队提出了更高的要求。若要利用微电影来实现成功的营销，成功地实现传播目的，还需要像案例一样，至少把品牌或产品的其中某一点做到极致。

11.4.2 《致匠心》

新百伦（New Balance）曾被耐克、阿迪达斯“打”得毫无招架之力。

但自 2010 年起，慢跑运动开始兴盛，新百伦也就开始专注于跑步这一卖点，在运动市场崭露头角。2017 年，新百伦已经成为了广大消费者心中最喜爱的运动品牌之一。

新百伦的火爆有多种原因，其中一个原因就是它非常擅长微电影营销。以《致匠心》为例，该视频一经推出就引起了大量网友的自主转发。这部微电影感染了众多网友，引发了网友的情感共鸣。

这部微电影共 3 分 31 秒，故事明线是音乐人李宗盛做吉他的自述，故事暗线是欧美匠人制作新百伦鞋。下面是他的自述文案：

人生很多事急不得，你得等它自己熟。我二十岁出头入行，三十年来写了不到三百首歌，当然算是量少的。我想一个人有多少天分，跟他出什么样的作品，并无太大关联。天分我还是有的，我有能耐住性子的天分。

人不能孤独地活着，之所以有作品，是为了沟通，透过作品去告诉人家心里的想法、眼中世界的样子、所在意的和珍惜的。所以，作品就是自己，所有精心制作的对象。最珍贵，不能替代的就只有一个字"人"，人有情怀、有信念、有态度。所以，没有理所当然，就是要在各种变量可能之中，做到最好。

世界再嘈杂，匠人的内心绝对必须是安静安定的，面对大自然赠予的素材，我得先成就它，它才有可能成就我。我知道，手艺人往往意味着：固执、缓慢、少量、劳作，但是这些背后所隐含的是：专注、技艺、对完美的追求。所以，我们宁愿这样，必须这样，也一直这样。为什么要保留我们最珍贵的，最引以为傲的！一辈子，总是得让一些善意执念推着往前，我们因此能愿意去听从内心的安排，专注做点东西。至少对得起光阴岁月，其他的就留给时间去说吧。

文案以追求完美这个点来引起观众的共鸣。在视频中，李宗盛对音乐的不将就便是在暗示新百伦对原材料的不将就，李宗盛对细节的把控则是暗示新百伦对鞋子细节的把控，由此来为新百伦做品牌背书就非常容易让大家接受。

《致匠心》不仅是一段广告视频，更是一部赞扬人性中美好品质的微电影，这赋予了作品独一无二的价值，也让每一位观众感受到了自己的珍贵价值。

微电影营销需要找一些贴近消费者生活的素材，然后通过好的视频桥段、优质内容的文案来为自己的产品背书。表面上与产品无关，实则通过不同的形式和渠道把产品和品牌的特点表现得淋漓尽致，这样的内容才能吸引消费者自主转发，并进行口碑传播。这就是《致匠心》帮助新百伦火起来的原因。

12

微营销的常见误区

总是觉得他人的微营销做得那么完美，生意那么红火，而自己做微营销的效果却总是惨不忍睹。那么同样是微营销，为什么效果却千差万别呢？微营销真的有那么难做吗？想一想，你在进行微营销的时候，是否站在了用户的角度思考问题，是否关注了用户的喜好。如果答案是肯定的，那么微营销通常会进行得非常顺畅。接下来，为大家介绍微营销应当避免的常见误区。

12.1 认为曝光量胜过内容

很多企业的眼中对于微营销只看到了广告获得的曝光量。高曝光量是否就意味着一定能带来最好的营销效果呢？答案是否定的。如果内容不够好，曝光量再高，微营销也很难成功。注重曝光量而忽视内容就是微营销需要避免的第一个误区。

12.1.1 KPI 只考核曝光量与粉丝数

微营销领域习惯以曝光量、粉丝数等作为 KPI（关键绩效指标）。KPI 考核本身是没有问题的，但一些品牌运营者过度看重这些数据，这就产生了问题。

以微信公众号运营为例，很多运营者将十万人次以上的阅读量作为衡量一篇文章是否成功的标准。于是大家便开始苦心写段子、写鸡汤文、做标题党。虽然看上去品牌的曝光量随着阅读人数的增加而增加，但是产品的销量却丝毫不见增长，这种现象是很常见的。

单纯追求曝光量与粉丝数难以促进企业持续盈利。因为很多用户或许愿意花时间浏览微博推送文章，但不会因此做出购买的决定。所以，企业在进行 KPI 考核时真正需要关注的应当是微营销的转化率，毕竟将数据转化为购买力才是真实的效益。

怎样才能得到较高的转化率呢？在设计微营销的推广内容时，品牌运营者应当站在用户角度去思考，从而找出能够获得用户肯定的的广告内容，引导他们购买产品。不从用户需求出发设计出的营销内容基本上是无法获得用户认同的，结果就是用户看完就忘。

可以说，如果品牌运营者不考虑目标用户的价值理念、需求，只顾博人眼球设计出来的营销广告，即便获得了非常高的曝光率也是没有意义的。因此，品牌运营者在做微营销时，要重点考虑用户需求，设计出符合目标用户期待的广告。关于品牌运营者如何避免走入 KPI 考核的误区，这里有一点建议，就是让真正懂业务的人设置考核标准。若一家公司 KPI 考核只关注曝光量和粉丝量，那么便不得不质疑设置考核标准的人是不是真正懂业务。例如要求“一个月要获得上百万名粉丝”或者“每发布三篇文章必须有一篇阅读量超过十万人次”，说这种话的人通常是不懂业务的。

一般情况下，一次营销活动的效果如何，应当关注以下 5 个数据。

1．点击率

点击率是指用户点击含有企业营销信息内容的链接的次数。跟踪收集用户的点击率，通过和其他指标结合，会得知用户是否对营销内容感兴趣，从而判断营销活动的效果。

2．互动量

互动量指的是潜在目标用户在社交网络上和企业互动的次数。用户点赞的次数、评论的次数，以及参与投票的次数等都属于互动量的范围。企业在收集这个数据的时候，应该把该数据与点击率结合起来进行对比分析，这样便可以知道潜在目标用户的活跃度情况。同样，企业还应该对不同属性、不同分类用户的互动量进行细致的研究，看它们之间有没有不同之处，这样有助于企业了解不同分类的用户与企业的互动形式和内容。

3. 分享量

分享量指的是潜在目标用户将企业营销内容分享到他们的社交网络上的次数。分享量与互动量类似，但是分享量更能够反映企业进行微营销的当前状况。用户点赞微博上的企业内容，关注企业的公众号……都是值得开心的事，但如果企业的潜在用户在自己的社交网络上分享企业的营销内容则表明用户对企业更加信任和认可。

4. 转发量

通过转发量这一指标，企业可以直接看到自己进行微营销的成果。对于大多数人来说，朋友、亲人的转发推荐比商家自己发布的广告更可信，也正是这一点使得网络社交媒体对于微营销来说如此重要。总之，如果用户转发了企业的微营销内容，他们转发的内容又获得了更多用户的关注，那么企业的微营销就是有成效的。

5. 影响力人物作用指数

对于微营销产生的众多数据，企业要从中挖掘重要信息，利用这些信息发现那些拥有广大影响力的用户。实现企业的宣传目的无法离开这些拥有广大影响力的用户，正是因为他们的分享、转发才让企业有了更多的关注。因此，影响力人物作用指数也应当是考核企业微营销最终成效的一个指标。

企业营销的最终目的是吸引新用户，并且把这些用户逐渐培养为企业的忠实用户。而微营销有助于企业利用现有的关系网与用户产生更多的关系，打开更大的市场。

12.1.2 内容粗滥，满篇广告

艾瑞咨询统计数据显示，关注微信公众号的用户，有34.3%是为了获取优惠/独家信息，有26%的用户是为了关注热点事件，还有22.9%的用户则是为了娱乐、打发时间。这一数据表明，在微营销中不重视内容，一味地发广告是行不通的。

以微信营销为例，有些商家的微信公众号上的推送都是广告，但是营销效果却没有尽如人意。据艾媒咨询最新数据显示，对于用户先关注又取关某个微信公众号这一问题的原因，31.7%的用户认为是该公众号缺乏新意，53.7%的用户则是认为该公众号所提供的信息对于他们来说并没有任何价值，还有用户的原因是发送的广告太频繁。

那么，对于品牌运营者来说，微营销怎么把握好广告的“度”呢？运营者想在微信公众号或微博上发布广告不能只推送广告信息，因为这会引起读者的反感，在推送时应当将广告巧妙融入内容，并且建议内容与广告的比例控制为9：1。发布时间可以是早上8点左右，因为很多用户早上醒来后的第一件事情就是刷微信和微博，而且现在上班乘坐公交地铁时也有很多“低头族”。

推送营销广告的好时机还可以是中午的11点半到12点半。由于这个时间段是人们的午餐时间或是午休时间，他们便会拿起手机玩微信、刷微博。晚上7点到9点也是内容更新的良好时机，此时大家下班吃过晚饭，在睡前习惯看看微信、微博上有什么新鲜好玩的内容。品牌运营者可以从以上3个时间段中选择一个最佳时机推送广告信息，只要不是过于频繁，通常用户是不会介意的。

12.1.3 内容缺少方向性

“方向不对，努力白费”。微营销亦是如此。对于品牌运营者说，推广内容与品牌定位相符是非常重要的一点。很多品牌运营者在微营销过程中都会遇到相似的问题，那就是每天所推送的内容、质量都有保证，但是转化率却始终达不到理想的水平。之所以发生这种状况，其实原因很简单，那就是微营销的内容定位没有做好，没有推送与品牌相符的、粉丝真正需要的内容。

例如品牌的受众人群是互联网技术者，那么鸡汤文对他们来说就丝毫不起作用。若无视粉丝的需求，而单方面推送自己主观认为优质的内容，那么过去辛苦累积的粉丝就可能会因为内容不好或不喜欢而逐渐取消关注、流失。所以为了精准定位微营销的运营方向，运营者在推送内容之前就要做好市场背景的调查分析，尽可能多地了解自己的目标人群。

以某护肤品牌为例，公司从年龄构成、学历学识两方面调查了目标受众。目标受众的年龄构成为 18 到 35 岁，学历基本为本科以上。然后公司对目标受众进行了细分。核心受众为 22 到 25 岁的年轻白领，他们对新媒体有强烈的偏好；潜在受众为 18 岁到 22 岁、26 岁到 35 岁的人群；外围受众为小于 18 岁和大于 35 岁的人群。通过引导，外围受众可以转化为潜在受众。

然后，公司对目标受众进行了特征分析，发现目标受众主要为年轻白领，其购买力强，平均月收入为 4500 元左右，他们中大多数为中层管理人士和专业人士。明确了产品的目标受众之后，该公司在官方微信公众号推送了一篇文章。文章开篇是“科学技术进步为护肤美容带来里程碑式的飞跃”。“年龄是女人永远不会提及的秘密。在漫漫护肤历史中，最值得一提的就是基因和干细胞这两大重要而具有划时代意义的技术。这两项技术，尤其是在皮肤抗老化的方面，就显得要比传统抗老化产品来得更有效、更具有持续性。”

然后，文章详细地讲述了比基因 DNA 技术更先进的干细胞技术是如何抗皱护肤的。介绍了干细胞技术的重要性后，文章进入正题：“美容界干细胞领域研究先驱××，早在 20 世纪就开始致力于干细胞的研究。公司的研究中心发现了干细胞的杰出功效，能够显著再生肌肤，修复皱纹。”在该文章末尾还推出了夜间修复系统产品，并介绍了其所具有的显著功能。

在护肤品行业，女性为主要受众，微营销应当关注吸引女性受众的内容。无论企业的盈利模式是什么，只要将微营销的内容定位和阅读量做好，后期通过转化获得的收入往往是很可观的。

12.2 忽视品牌人格化

“度娘”（百度）、“想哥”（联想）、“浪姐”（新浪）等称呼大家应当都不陌生。伴随着一些段子的流行，这些品牌形象开始栩栩如生。这就是品牌人格化的作用。那么，到底什么是品牌人格呢？我们可以将品牌人格化理解为品牌的价值观、态度、特点及风格的总和。在微营销中，品牌人格化有利于拉近用户与品牌之间的距离，增强用户黏性。而忽视品牌人格化则是微营销的第二个误区。

12.2.1 世界知名品牌命名人格化

在社交网络时代，人格化的名字可能就是很棒的品牌名字。在我们所熟知的世界知名品牌中，有很多都是以创始人的名字来命名的，比如惠普、阿迪达斯、香奈儿等。

下面一起看香奈儿的命名故事。法国品牌香奈儿（Chanel）背后是创始人可可·香奈儿（Coco Chanel）的浪漫爱情故事。出生于贫苦家庭的可可·香奈儿是家里的第二个孩子，在她五岁那年，母亲便死于肺病。而更可怕的是父亲竟然抛下自己的孩子神秘失踪了。自此，可可·香奈儿开始了坎坷、艰辛的孤儿院生活。十几年后，可可·香奈儿在一家针织店当店员，梦想着成为一名明星。于是，她便开始在一家酒吧里唱小曲。

这时的可可·香奈儿已经出落得亭亭玉立，而且还有不少的富家子弟追求和帮助她。可可·香奈儿借助第一个情人踏进了上流社会的交际圈，由此结识了众多有权势的富家子弟和年轻艺术家。后来可可·香奈儿与实业家贾柏相爱，在他的帮助下，香奈儿走上了自己的成功之路。

在贾柏的支持与资助下，可可·香奈儿开设了第一家女帽店，开始谱写事业及品牌的乐章。香奈儿对于所有热衷于时尚的人来说是经典永恒、大胆创新的代名词。人们对香奈儿的喜爱之所以随着时间的消逝有增无减，因为有故事的人真情演绎而成的品牌，将品牌文化塑造得格外立体。

在信用透明化程度较高的国家，以创始人的名字给品牌命名是一件既严肃又骄傲的事。而同样的，中国的很多餐饮老字号其实也都是以掌柜的名号来命名的，例如四川的陈麻婆、南京的马祥兴等。这种品牌的名字好记又易传播，更不会随着时间的流逝而被人遗忘。

如果你有一个响亮、好听、好记的名字，那么在给品牌取名的时候就可以使用这个名字。如果你的大名不太适合做品牌名，小名、雅号等也是不错的选择。

用名字作为品牌名称相当于是在以你的人格和品牌来象征产品。人格化命名将创始人和品牌合二为一，这使得创始人的每次出现都相当于为品牌做推广。

12.2.2 品牌需要人格化指向

罗辑思维的创始人罗振宇说，“互联网时代，特别是移动互联网时代，品牌是基于人格魅力带来的信任与爱！是品牌的去组织化和人格化！”那么，品牌为什么要人格化？品牌人格化能够促使企业与消费者的关系更加密切，有利于逐渐加深消费者对企业品牌以及企业内在文化的情感。最终，消费者会将品牌视为形象丰满的人，对品牌的形象、个性、气质和文化内涵留下深刻的印象。

我们会发现，网络上火爆的红人自媒体公众号远远多于企业公众号，这是因为自媒体公众号比企业公众号有着更大的人格化指向。自媒体公众号的主体是个人，因此天然就具备人格化的属性——有个性、有态度、有亲和力、充满智慧。一般来说，人格化魅力越大，公众号影响力也越大。

那么品牌又该如何增添人格化指向呢？回答是“回归自身，保持自然，说真话，讲人话”。大家都不喜欢跟虚伪的人交朋友就是这个道理，因为一个人唯有做自己的时候才是最有魅力的。

运营者思想的延伸以及品牌意识的传达就是品牌营销的实质内容。若品牌是很活泼的类型，那么就可以给粉丝讲俏皮话；若品牌是很文艺的类型，那么就可以将营销内容变得具有诗情画意；尽量不要讲空话、套话，只有为品牌赋予喜怒哀乐，品牌才真正像一个人……

这是一个竞争激烈、不进则退的时代。所以如果品牌不想成为历史，就必须通过不同的平台和消费者深度沟通，使他们产生对品牌的信任和依赖。因为熟悉是任何后续发展的第一步。一旦缺席，便意味着毫无作为。

作为保洁旗下一个与时俱进的品牌之一，飘柔始终坚持着把消费者作为中心的品牌数字化，致力于构建起一个可以与消费者进行长效沟通的机制，以无缝对接消费者，让飘柔这个品牌成为一个能时刻引发消费者共鸣、永远保持活力的品牌。

在微信营销的大战中，飘柔也没有缺席。“飘柔 Rejoice”作为飘柔的官方微信公众号，主打聊天式的微信对话。用户只要关注该公众号，就能进入和飘柔真人版对话的聊天模式，认识既能聊天又能唱歌的“小飘”。而为了对话可以更有针对性，飘柔在其中投入了大量的人力成本。

飘柔微信公众号在最初运营时，拥有“勇敢去爱”、“小飘我要聊天”、“飘柔微信会唱歌”、“星座”、“轻松一下”这五个栏目。其运营特点有四个：一是栏目足够多；二是内容丰富，并且植入品牌；三是品牌与用户的互动机制完善；四是劳逸结合，推广品牌的同时也为用户带去了欢乐。

这些年，APP 应用开始火爆，于是飘柔又联合新浪微博、QQ 空间这两个社交平台推出了“秀出来，勇敢爱”的订制 APP。该 APP 不仅能匹配用户头像，还能结合地域、共同话题等信息来推荐最匹配用户的人。通过这种方式，飘柔鼓励大家秀出来、勇敢爱，从而获得美好的爱情。这样的做法在“收买”单身用户的同时，还将品牌内涵进一步深化。

该 APP 还能帮助用户选择自己的朋友、查看和恋人或倾慕对象的夫妻相配指数。在上线一个月的时间里，该 APP 在新浪微博平台上就累积了 1100 多万条的话题量，成功打造了一个可行的微博营销案例。

总而言之，企业需要从自己的受众群体角度来考虑企业品牌的定位，在自我称呼、语言风格方面根据自身的人格化定位进行强化。持续如此，品牌就能有血、有肉、有人情味。

12.3 忽视用户运营的作用

没有用户就没有所谓的商业模式；没有商业模式，产品逻辑必然是不成立的。用户是衡量商业模式与产品逻辑的最终落脚点。由此可见，用户运营具有非常重要的作用。很多企业在微营销中忽视了用户运营的作用，单方面发送自认为优质的内容，效果却并不好。这给品牌运营者说明一个道理：千万不要忽视用户运营的作用。

12.3.1 用户运营不可缺失

移动互联网背景下的微营销非常火爆，其病毒式的传播效果让很多企业跃跃欲试。“新世相”和“航班管家”APP 曾经联合开展了一场“逃离北上广”的微营销活动。“新世相”微信公众号以一篇《我买好了 30 张机票在机场等你：4 小时后逃离北上广》的文章在不到 3 个小时的时间里获得超过 100 万人次的阅读量，新增粉丝数超过 10 万人次。

活动内容大致是这样的：从当天早上 8 点开始倒计时，用户只要在 4 小时内赶到北京、上海、广州三个城市的机场，即可获得一张往返机票，飞去一个未知的目的地。另外，用户还可以获得 300 元的酒店补贴。如此撩动人心的活动，吸引了很多北上广青年参加。活动的大致参与流程与注意事项如下：

1．到达北京、上海、广州这三个城市的机场。

2．关注“新世相”微信公众号，用户在后台回复关键字“逃离北京”或“逃离上海”或“逃离广州”，即可获得机场准确集合地点。用跑的姿势到达机场集合点，才能知道自己即将飞往哪里。

3．“新世相”和“航班管家”APP 的工作人员早已等候在机场，顺利拿到往返机票者才能有资格飞往国内 30 个未知旅行目的地之一。在分配名额上，北京有 14 张，上海和广州各 8 张。

4．30 张机票数量有限，先到先得。如果需要，工作人员可以给你的领导打电话请求批准你的美好假期。

5．活动时间：当天去，第三天返回。

6．在用户获取机场集合地点环节，系统会按照先到先得的规则，为前面的人优先发送地址，行动慢了就无法得知集合点。

7．实时查询已出发人数和剩余机票信息。

8．加入直播元素，通过独家支持平台“一直播”APP 即可看到哪位幸运参与者赶到了机场。

除满足以上要求外，参与者必须正视一件残酷的现实，那就是参与人数众多，自己可能在途中就被迫中断。比如微信后台回复慢了几分钟，地址信息已经被全部领走。可见，想获得 30 张机票中的一张并不是件容易的事情。

“新世相”是主打文艺范儿的营销公司，而“航班管家”是国内知名的旅行类APP，以北上广这些一线城市为辐射点，用户群与公司的目标用户群的匹配度非常高。北上广本身就是众多“漂泊”一族奋斗的城市，生活压力非常大，“逃离北上广”的微营销活动恰恰切中了用户“说走就走”的痛点，这便是活动可以取得超过预期效果的原因所在。

下面总结了用户运营的5个关键因素，内容如图12-1所示。

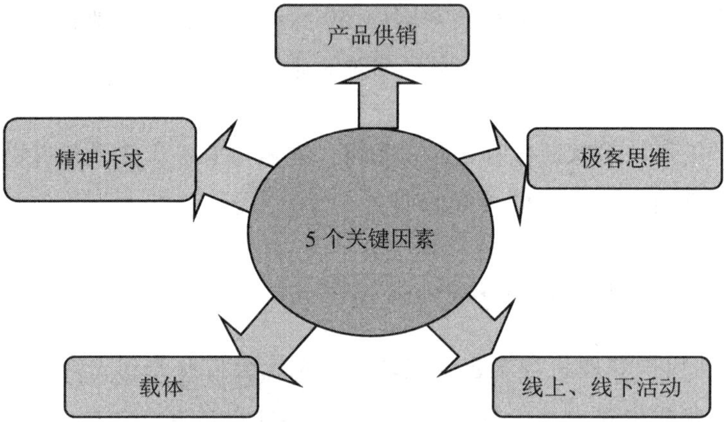

图12-1　用户运营的5个关键因素

1. 载体

用户运营需要一个载体，该载体可以是产品，也可以是服务。这个载体应该做到惊艳，让用户以此为骄傲，并且能促使用户进行自发性的口碑分享、推荐。无论在哪一个时代，口碑营销永远都不会过时。在信息泛滥的互联网时代，当人们对广告推销不屑一顾或者产生抵触情绪时，却无法拒绝来自家人、朋友的口碑推荐。

2. 精神诉求

品牌的精神诉求应当是鲜明、拒绝平庸、追求卓越的。超凡的精神追求影射着用户的价值主张和精神诉求，甚至会成为用户的身份象征和行为符号。

3. 产品供销流程

用户运营的重要手段就是让用户参与到产品整个供销流程环节中。海尔根据微博粉丝的建议，设计生产出冷宫冰箱；小米手机让米粉参与调研、开发、测试、营销、公关等多个环节，这些案例都体现了这一点。

4. 极客思维

用户运营应当从极客思维出发，引导用户形成对产品的专业认知。企业需要通过提升用户对产品的认知重新建立用户对产品的定位与诉求，从而为品牌建立起一道坚固的城墙。

5. 线上、线下活动

线上、线下活动可以引起用户与品牌，以及用户与用户之间的情感共鸣。“逃离北上广”活动就是很好的范例。

移动互联网时代的用户运营都遵循一些规律，品牌运营者可以多借鉴一些成功案例，学习成功经验。

12.3.2 重视用户反馈，刺激 UGC 产出

虽然 BGC（品牌生产内容）或 PGC（专业生产内容）是互联网的主流内容生产渠道，但当今用户已经不满足于仅仅从互联网上获取信息，而是希望从旁观者的身份转化为参与者，在互联网上发声。

在这种背景下，UGC 应运而生。UGC 指的是用户生产内容，在 UGC 模式下，用户可以通过互联网平台展示自己的原创内容，分享给其他用户。如此一来，用户既是浏览者也是创作者，既是互联网舞台下的观众，也是互联网舞台上的演员。

起点中文网、酷 6 视频是最早开发 UGC 的互联网平台。随着互联网技术日趋成熟，智能手机、APP、H5 不断普及，用户记录内容与生产内容的手段更是越来越多样化，UGC 产出的门槛也大幅度降低体现了更多的即时性、社交性和多媒体性。相比于 BGC 和 PGC，UGC 更追求个性化，其未来将发挥更重要的作用。

UGC 是一种用户的情感诉求渠道，有助于用户与用户之间的交互，满足其成就感、愉悦感、归属感等心理需求。对品牌来说，重视用户反馈并且刺激 UGC 产出，可以提升微营销的成效。下面一起看 UGC 对品牌推广的作用。

首先，UGC 有助于提升用户的参与热情，从而形成病毒式传播效果。与 BGC 和 PGC 相比，UGC 最大的优势就是用户主动参与度高，互动空间大。一般而言，用户生产原创内容后会进行自发性的二次传播，引发爆炸式关注与追随，从而形成病毒式传播。比起花钱做广告，通过用户转发分享带来的品牌推广效应性价比更高。曾经刷爆朋友圈的 H5《穿越故宫来

看你》，之所以能成为热点，很大程度得益于微信用户的二次传播。

其次，UGC 内容优质并且多元化，所以有助于微营销。互联网的主要受众是“90 后”、“00 后”，伴随网络而成长起来的这代人个性突出，并且具有创新精神。在网上，他们有表达诉求的需求。想产生更多的优质 UGC 还可以借助平台渠道与创作模式的多元化形势。微营销刺激 UGC 产出，优质的 UGC 反作用于整个营销链，给品牌带来了更加丰富的内涵和附加值，实现了为微营销锦上添花的效果。

第三，UGC 有助于品牌沉淀核心用户，提高用户忠诚度。这一点主要针对 UGC 的社区平台而言。用户在通过 UGC 和广大网友交流分享的同时，还能从原创内容中获得收入分成。因而，UGC 除有助于增加用户使用平台的频率、为平台获得更多的收入外，还有助于平台巩固核心用户。

以直播平台为例，主播通过优质 UGC 吸引粉丝，获得粉丝送出的虚拟礼物。在这个过程中，粉丝花钱购买虚拟礼物成了直播平台的盈利来源，而主播也能从中获得一部分分成。主播在利益的引导下将会更积极地为平台生产优质的内容，通过这种方式来有效提高用户的忠诚度。

UGC 的核心是给用户提供一个能够自由发挥的空间，让微营销从单向传播转变成了双向传播，以用户带动用户的方式鼓励更多的用户参与互动。下面一起看 UGC 的 3 种常见玩法，如图 12-2 所示。

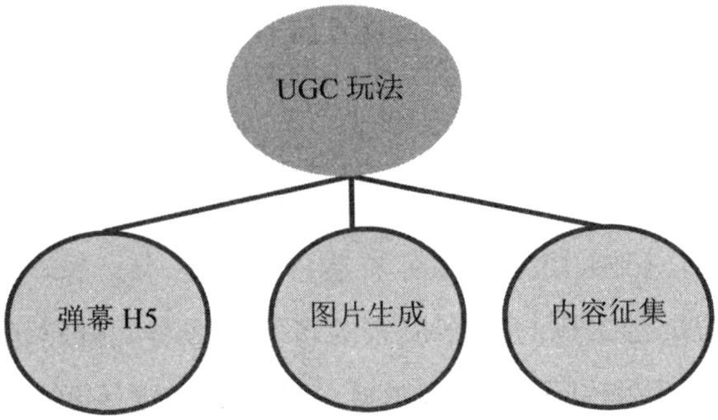

图 12-2 UGC 的 3 种常见玩法

1. 弹幕 H5

最简单而强大的 UGC 形式就是弹幕。将弹幕应用到 H5 上是非常热门的微营销玩法。例如美的推出的 H5《谁动了你的中秋》曾经在一夜之间刷屏朋友圈，在众多中秋品牌营销中成为最出乎意料的黑马，点击量更是超过了 10 万人次。《谁动了你的中秋》能快速走红，正是因为加入了弹幕。弹幕极大地增加了用户的参与度，用户既可以吐槽，也可以祝福。可以说，弹幕玩法为微营销增添了不一样的色彩。

2. 图片生成

由天天 P 图推出的“我的小学证件照”曾经刷爆朋友圈，其以傻瓜式的交互体验为用户输出趣味性极高的内容，因而备受追捧。这一案例说明微营销在刺激用户生产原创内容的同时，也要注意降低用户表达自己的门槛，让用户一眼就看懂怎么玩、怎么用。

图片生成、海报生成的玩法由于操作方便、易于传播，因而也十分适合在朋友圈中传播。例如腾讯新闻的“没品新闻颁奖礼”就是让用户自由选择一些奇葩的新闻和名字来生成符合个人口味的订制版“没品日报”，并且将其分享给好友。

3. 内容征集

UGC 的热门玩法还包括邀请用户为品牌创造传播内容。例如星巴克就曾举办过一个手绘纸杯的竞赛活动，活动邀请热爱手绘的消费者参加，在星巴克的白纸杯上进行涂鸦。该活动在帮助星巴克征集用户优秀创作内容的同时，还成功推广了星巴克的可重复使用纸杯。这些经过手绘的纸杯因为消费者的原创而拥有了专属感，参与的消费者可以借此竞赛来获取奖金或获得媒体的关注，星巴克品牌的影响力也迅速扩散至全球。

13

新零售时代的线下门店创新

新零售时代为线下门店的发展既带来了机遇，也带来了挑战。由于用户的个性化需求不断突出，线下门店要想突破传统门槛，抓住机遇，还需要从体验式消费、智能零售入手。许多线下门店在这样的挑战下，开始顺应趋势进行管理与服务的优化创新。

13.1 线下门店模式正在焕发第二春

在经历了传统零售和电子商务零售这两个阶段以后，新零售正呈现出一种线上线下加速融合的趋势。在这种趋势下，线下门店开始进行数字化转型，由传统的经营模式转型为融合线上、线下服务内容和购物体验的新型实体店。与此同时，消费者也出现了由线上重返线下的迹象。线下门店的模式正在焕发新的光彩，并且引领着一种新型的消费趋势。

13.1.1 巨头纷纷涌入的战场

线下流量在过去几年里一直呈现出高速增长的特点，这是由于像任何新生事物一样，线上渠道也会经历萌芽、高速增长、成熟、低增长等时期。经历了高速增长以后，线上渠道的增速正在大幅度放缓，因此难以颠覆线下渠道。当消费者重返线下渠道，线下门店模式开始焕发第二春，各大电商企业也纷纷布局线下，试图发展新零售模式。

2016 年 12 月，亚马逊高调推出了无人超市——Amazon Go。在这里，用户购物只需要三个步骤——进入超市、选择产品、离开超市。通过传感器，Amazon Go 便可以发现用户在货架上拿走的产品，并自动把产品添加到用户的虚拟购物车中，以方便结算。Amazon Go 的宗旨就是让顾客可以在实体店中购物也不需要排队，如同网购一样便捷高效。

全球电商标杆——亚马逊准备进军线下零售市场的消息震惊业内以后，国内图书的电商巨头之一 ——当当网也开始了同样的做法，抛出了自己的计划。当当网曾经对外宣称在 3 年内开 1000 家实体书店，包括 MALL 店、超市书店、县城书店等多个类型。当当网第一家实体书店位于湖南长沙，占地 1200 平方米，并且线上与线下同价。

除亚马逊、当当这两个以图书起家的电商巨头开始进军线下零售市场外，其他电商巨头也开始把战场延伸至线下。

阿里巴巴战略投资苏宁 283 亿元，成为苏宁的第二大股东，同时苏宁又斥资 140 亿元认购阿里巴巴不超过 2780 万股的新发行股份。自此，双方便打通了线上线下的渠道，令效率全面提升，让消费者可以享受到更为完善的商业服务。除此以外，阿里巴巴旗下的天猫国际也正开始谋划经营线下体验店和超市。

2016 年，阿里巴巴向盒马鲜生投资 1.5 亿美元，全力打造通过 APP 和线下门店覆盖生鲜食品和餐饮服务的一体化商业模式。

而京东较早就开始了线下门店尝试。2014 年 11 月 20 日，京东在河北省赵县开设了全国首家大家电“京东帮服务店”，当地农村消费者率先体验到了京东大家电“最后一公里”服务。

此外，京东斥资 43.1 亿元入股永辉超市。于是京东便持有了永辉超市 10%的股份。京东还宣布要在线下开设 1000 家母婴体验店。十月妈咪、永辉超市、乐友孕婴童等零售商都会和京东合作。

如今，京东线下市场的布局正加速推进，京东之家和京东专卖店越来越多。

在如今这个电商普及的时代，传统企业不提线上便是一种落伍的表现。同样的，电商品牌若不提线下也将是一种落伍的表现。新零售的时代已经到来，线上、线下综合实力的竞争也必定会越来越明显。

无论是线上、还是线下，企业都有成就自我的机会，但最具实力的无疑是线上、线下全面发展的全能型企业。因此，综合实力强的全能型企业将成为新零售时代最大的赢家。

13.1.2 OPPO 与 vivo 的逆袭

2016 年,OPPO 和 vivo 两个国产手机品牌在国内市场的表现让很多人都为之震惊。OPPO 凭借 7840 万台的手机销量占得了国产手机的头把交椅，vivo 则以 6920 万台的销量位居第三。作为步步高旗下的两个子品牌，两者在运营模式上非常相似。

如果仔细观察过,或许你会发现身边使用 OPPO 和 vivo 手机的亲戚朋友越来越多，这足以说明 OPPO 和 vivo 发展的速度之快。那么 OPPO 和 vivo 的成功秘诀究竟是什么呢?

如同前几年小米借助互联网强势崛起一样,现在的 OPPO 和 vivo 也是依靠线下渠道的优势而发展壮大起来的。OPPO 和 vivo 线下店面分布的广度和深度是足以令人震惊的，即便在很偏远的城镇甚至乡村，人们都能看到 OPPO 和 vivo 线下门店的身影。

此外，由于线下渠道的全面助力，OPPO 和 vivo 还将保持高速增长，领跑其他智能手机厂商。下面具体来看 OPPO 和 vivo 构建渠道优势的 3 个层面，如图 13-1 所示。

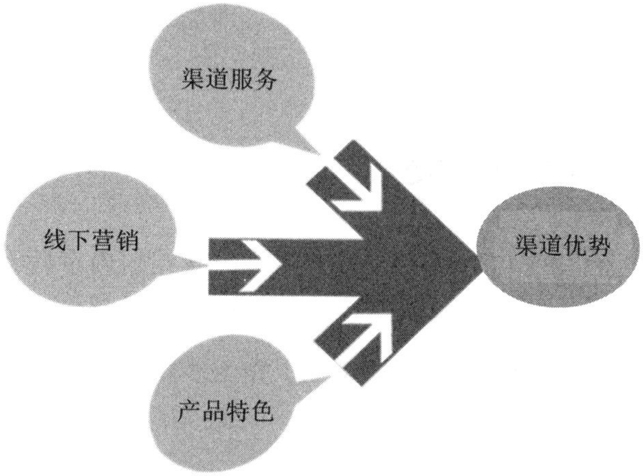

图 13-1　OPPO 和 vivo 构建渠道优势的 3 个层面

1．渠道服务

众所周知，打开线下市场的关键是数量多、覆盖广。事实上，渠道服务在打开线下市场过程中的重要性不可忽视。那么该如何让代理商尽力售卖自己的产品？又如何持续吸引代理商的加盟呢？这些问题的关键就在于渠道服务。渠道服务包括保证代理商有盈利、售后保障、低风险等。

OPPO 和 vivo 在渠道管理方面的优势是非常明显的，例如产品让利大、售后响应速度快。代理商发现销售的 OPPO 和 vivo 产品非常赚钱且售后方便时，OPPO 和 vivo 线下渠道的覆盖范围自然越来越广。

2．线下营销

产品销售不仅仅在于产品质量，还受产品服务、渠道，以及营销等多方面影响。简而言之，好技术不一定能成就好产品，好产品也不一定能卖得好。

所以，线下营销便是除产品和渠道外打开线下市场的一个关键因素。例如2017年以来，除OPPO和vivo外，其他的手机厂商纷纷在线下投放广告。

“充电5分钟，通话两小时”的广告语已经传遍大街小巷，更有网友据此改编出“出门五分钟流汗两小时”的吐槽语。轰炸式洗脑广告，男神女神代言，再加上电视剧广告植入在潜移默化中成功地让OPPO和vivo在人们心中成为了高气质产品。

OPPO和vivo凭借良好的线下渠道服务，又配以高效的线下营销和新媒体的价值主导，使得线下代理商不需要费力推销就能较为容易地卖出产品。这些不仅提升了OPPO和vivo的品牌效应，以及线下代理的忠诚度，还让OPPO和vivo成功在产品性价比战场中杀出了一条血路，做出了自己的特色。

3. 产品特色

除渠道服务和线下营销外，OPPO和vivo本身的产品优势就十分明显。OPPO和vivo精准定位用户群，以技术创新来避开性价比的竞争，转而建立起品质差异化的优势。这让OPPO和vivo成功实现了品牌溢价，使得用户很少拿OPPO、vivo和高性价比的手机品牌做对比。

例如，OPPO和vivo均专注于年轻时尚的用户群体，并以自拍、音乐等差异化功能来满足目标用户群的个性化需求。

很多手机厂商在经历了线上渠道的价格战以后都已经被淘汰，剩下来的厂商也普遍面临着利润下降的困境。但始终低调的方式以布局线下渠道的OPPO和vivo却成为了手机市场中的最大赢家，论其制胜法宝当属其深耕线下市场的策略和产品的创新与差异化。

13.2 渠道、体验及认知

有效的获客渠道、多重感官消费体验、强化品牌认知是线下门店独有的三大优势。随着线上、线下获客成本的逐渐趋同，企业也开始纷纷从线上走到了线下，决定建立自身的线下渠道优势。一方面，线下门店可以为用户带来多重感官消费体验，增强用户黏性。另一方面，在重塑用户的品牌认知方面，线下门店更为高效。

13.2.1 线上、线下获客成本趋同

早在互联网刚刚发展的时候，线上渠道大多是免费的，所以线上推广方式在当时的一大优势就是成本低。在线下获客成本相对较高的情况下，很多企业都涌到线上找用户。随着线上推广的竞争日渐激烈，线上流量价格开始持续上涨。百度、阿里巴巴、腾讯、新浪微博等几乎垄断了互联网流量，于是线上流量价格越来越高。

企业永远都会选择最有效且获客成本低的渠道。现如今线上流量价格暴涨，于是企业自然而然又转向线下。市场在这个过程中起到了资源配置的作用，即自动填平“价值洼地”。

举例来说，一些电商品牌开始通过影视剧广告植入或投资影视的方式进行品牌推广。例如小米独家便冠名了由米未传媒所制作的爱奇艺王牌综艺节目——《奇葩说》第四季，并且邀刘诗诗、吴秀波、刘昊然作为品牌形象代言人。

小米这样做并不是说小米模式不管用了，而是由于互联网流量日益昂贵，这导致了线上线下的获客成本逐渐趋同。

13.2.2 提供多重感官消费体验

将产品放在手上感受其质地，仔细观察其细节特点，是线下门店才能带给消费者的体验，线上店铺绝对无法做到。尽管网上购物已经非常流行，但是很多消费者依然倾向于在购买产品之前触摸产品并试用。线下门店就是提供这种服务的一个场所。

同时，线下门店还消除了网上购物过程中面临的猜测与犹豫，例如尺码是否合适，哪种颜色更适合自己等。消费者在线下门店消费可以享受到多重感官体验，继而打消这些犹豫和顾虑。

服装和珠宝品类在线零售商 BaubleBar 极其重视线下门店所具有的提供多重感官消费体验的作用。BaubleBar 在经过几次调查实验后开设了一家线下商铺，并计划继续增加线下商铺的数量。线下实体店铺的开设令 BaubleBar 的销量大幅提升，退货量逐渐减少，同时也增强了顾客的黏性。

在线眼镜零售商 Warby Parker 与 BaubleBar 类似，其也成功地将线下门店与线上店铺结合，为用户提供完整的消费体验。Warby Parker 将线下门店打造成了一个美丽时尚的体验间，在这里，顾客可以自由试戴各种眼镜，可以做眼科检查，还可以戴着这里的眼镜照大头贴。Warby Parker 由于给消费者创造了一个完整有趣的体验空间，所以也使得品牌与消费者之间的信赖关系不断增进。

零售讲究的就是细节。线下门店需要通过每一处细节来传达自己的理念，给消费者构建一个完整的消费体验。线下门店也应该在细节中植入品牌文化的线索，进而引发消费者的探索欲。

13.2.3 重塑消费者的品牌认知

很多人都遇到过这种情况：当你走进一家服装店，店员马上跟上来问你，"请问您想要看点什么？我可以给您推荐一下。"很多人都不喜欢这样的服务，甚至有些人在这个时候都想要赶紧离开这家店。

在品牌的线下门店里，人是其中的核心要素。若是工作人员仅仅充当导购的角色，没有通过友好互动重塑消费者的品牌认知，那么即便品牌创造了非常卓越的场景体验，消费者的体验也不会好。

对于品牌的线下门店来说，找工作人员做导购并不是最重要的，重要的是让工作人员与消费者进行亲切友善的互动，重塑消费者的品牌认知。当消费者对品牌价值产生了更清晰的认识后，就会做出消费选择。

互联网女装品牌茵曼高调推出"茵曼+千城万店"的概念。其计划在全国范围内建立起茵曼线下实体店网络，期望到 2020 年能开店 10000 家。"茵曼+千城万店"是茵曼产品供应链体系、产品价格体系、会员体系、盈利与服务体系的融会贯通，是新零售模式的实践。

不同于传统的服装品牌店，茵曼线下门店更注重用户体验。茵曼线下门店的店铺面积只需要几十平方米，主打"0 加盟费、0 库存、0 软装"。店里的衣服每一款服装都是唯一的，服装吊牌上只设有一个二维码，只有通过扫描二维码才能获知产品价格。

服装的价格和款式实现线上与线下同步更新，消费者可以使用现金支付或手机支付等支付方式。支付完成后，消费者可以自己带走产品或者回家等待快递送货上门。当店内的产品被拿走时，店主便可以借助茵曼的特色物流来快速完成货物补充。

茵曼线下门店的全品类销售将店铺营造成了“慢生活、茵曼家”的感觉。店铺内陈列的任意产品，包括衣架、配饰等都可以售卖。也就是说，只要顾客喜欢，可以将整个“茵曼家”带回家。曾在茵曼线下门店购物过的消费者便会自动变成茵曼的粉丝。该粉丝只要继续在茵曼线上或线下购物，作为第一次引流的店主就可以从中获取分成。粉丝同样可以依据茵曼店主服务的好坏来决定是否解绑。

汇美集团（茵曼所属公司）的副总裁蔡颖曾就这种营销模式解释道，“品牌发展的未来就是粉丝社群的打造。让大众认可你的品牌文化，与品牌一起走下去是这个模式的核心。店主让更多的消费者进店并让店铺服务获得他们的认可，收益随着绑定的粉丝增多而增多。我们的核心就是把产品的交易过程变成粉丝的交易过程，这将传统店铺的理念整个都颠覆了。”

在新零售时代，市场营销的重点已经从解决产品的易得性问题转向解决品牌在消费者心智中的显著性问题。也就是说，当消费者随时、随地都可以买到这类产品的时候，如何让用户知道、理解、记住并爱上你的产品。

借助线下门店独特的场景体验就是最根本的解决办法。场景体验中具有更多的品牌文化线索的感性设计。除此以外，场景体验并不以销售为导向的亲切互动令消费者能在最直观方便、认知成本最低的场景下获取品牌体验的最大价值，并重建对品牌的认知。

13.3 新零售线下门店两个创新方向

在新零售时代，线下门店有两个创新方向：在消费端，通过新科技提升用户体验；在运营端，使供应链管理更加精细化。下面进行详细讲解。

13.3.1 消费端：新科技提升体验感

在消费端，线下门店的创新方向是利用新科技提升用户体验的。线下门店的最大壁垒是“所见即所得”和“零时间差”。然而，没有消费者愿意花时间在不必要的等候中，他们都希望在最短的时间内获得想要的产品。因此，容纳尽可能多的产品，在最短的空间距离和最短的时间内将它们送到消费者的手中是线下门店的一种创新方向。

使用便捷的二维码扫码等支付方式令收银时间大大缩短；许多连锁超市开始采用纯线上的会员体系和卡包体系，支持消费者使用微信公众号绑定会员的方式来享受更多优惠。下面看线下门店通过新科技提升体验的 3 个方向，如图 13-2 所示。

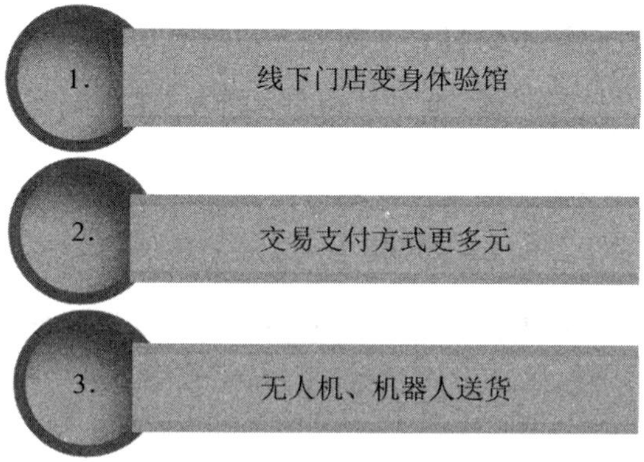

图 13-2　线下门店通过新科技提升体验的 3 个方向

13.3.2 运营端：供应链管理更加精细化

运营效率是新零售的一大核心。在新零售时代，线下门店需要在运营端发力，让供应链管理更加精细化。数据在供应链管理过程中具有非常重要的作用。

在BAT（百度、阿里巴巴、腾讯）三大互联网巨头中，阿里巴巴是最看重数据的。马云认为，数据是原料，没有数据什么都不行。众所周知，每年的“双11”购物狂欢节是阿里巴巴的一场数据盛宴，也锤炼了阿里巴巴大数据及云计算技术的数据处理能力。在三大巨头中，阿里巴巴的大数据和云计算技术很可能是最强的，这就使得阿里巴巴未来在新零售领域中的发展充满许多可能。这两项技术将会在构建消费者画像、实施精准营销、及时有效管理库存、研判消费趋势等方面发挥作用，这正是马云对数据如此看重的原因。

与过去零售业的运营链条相比，新零售将供应链前端到后端的链条颠倒过来。过去的运营链条是从研发、设计到装备、原材料、生产制造，再到品牌商、分销/批发、消费者。而如今新零售所有的经营都是基于移动互联网和大数据的数据化模式，消费者内心需求以及生活方式的改变带来了不同的品牌传播模式，最终影响“生产-研发”模式。新零售无法离开数据，同时新零售可以让数据变得更有意义。

线下门店的一大痛点是不能有效地收集和监控消费者的行为，这也导致了供应链管理存在不够精细的问题。但电商可以借助收集并分析数据来开展精准营销，用大数据来预测用户的购买行为，优化营销方案。另外，一些同时开展线上、线下业务的传统零售商，没有打通线上、线下的数据，这也造成了很多用户的消费行为数据缺失，难以建立精准用户画像。

线下门店在新零售时代必须重视供应链管理和营销运营，用数据来监控市场动态以及用户的消费习惯，并且确定好供应链的运营策略。线下门店通过对供应链的管控，既能降低成本、提高效率，又能同时提升产品的品质。

13.4 “711”的成功模式

“711”公司不仅是日本零售业的巨头，也是全球范围内的最大连锁便利店集团之一。“711”当前在全球开店总数达 6 万家，遍布中国、美国、日本、新加坡、菲律宾、泰国等国家和地区，并且拥有超级市场、百货公司、便利店、专卖店等多种形态。“711”的店铺数量居世界第一，单店的日均销售额约为 3.6 万元。下面一起分析该模式的成功之处。

13.4.1 提供一站式便利服务

在传统的便利店竞争中，客流量大的店址、延长营业时间等是提升竞争力的关键要素。然而，好位置是有限的，营业时间最多也只能是每天 24 个小时。于是，商家又试图通过产品多样化来提升竞争力。

以“711”为例，在一家 20-30 平方米的便利店中一般会摆放 2500-3000 种产品。整个店面每年还会推出 1000 多种新品，这便是说“711”每年会有将近一半的产品被替换掉。多样化的产品是“711”的优势，但真正使“711”成功原因是其提供一站式便利服务。

顾客在“711”便利店不仅能购买普通产品，还能购买午餐和夜宵、缴费、收发快递，甚至能提款。“711”便利店提供的一站式便利服务逐渐吸引了很多人过来购物、享受服务。

便利店的目标消费群体是那些宁愿支付相对较高的价格，并接受相对有限的商品选择，从而节省时间的人。“711”便利店的核心价值“便利”是通过其一站式的便利服务来实现的，而且将这个优势发挥到极致。

“711”凭借其一站式的便利服务让消费者在获得更大价值的同时，也让厂家收获利益，达成了商客双方的共赢。以“711”的预订服务为例，预订大闸蟹时，顾客可以提前确定送货的数量和时间，厂家就可以照单发货，既能减少货物浪费，又能节省送货时间。

13.4.2 掌握生产经营链条的核心话语权

只有掌握生产经营链条的核心话语权，商家才具有满足消费者需求的能力。这样一来，商家就能在提高反应速度的同时保障产品的品质。

在掌握生产经营链条核心话语权方面，“711”是典型代表。在“711”便利店，鲜食产品占所有产品销售的 50%。尽管“711”没有占领鲜食生产经营链条中的所有环节，但它可以影响和控制每一个环节。

“711”在研发环节会和厂商共同研发产品，包括饭团、便当、三明治等鲜食类产品。首先，“711”会做一个市场调查，调查产品与需求之间有何对应关系，继而和厂家组成研发团队，共同分析该如何制作产品、该以哪种方式制作等。这就是“711”与厂家共同研发产品较为常见的方式。

在销售环节，“711”以买断产品的方式进行精准的产品管理，自己承担风险。“711”通过买断可以有效地将产品价格拉低，通过供应链优化来提升毛利。

例如，为了让每家店铺都能实现最高效的产品周转，“711”规定全部产品都由最了解销售情况的店铺直接订货，而非由总部统一订货。这样的订货方式有利于避免出现总部将积压产品推给店铺的问题。

由于“711”掌握了生产经营链条的核心话语权，不仅能把握消费者的需求变化，保障商品品质，还能不断提升运营效率。

13.4.3 高变化、高周转、高毛利

在 13.4.1 节中已经提到：在“711”一个 20~30 平方米的便利店中一般会摆放 2500~3000 种产品，此外店铺每年会推出 1000 多种新品，这意味着会有近一半的产品替换掉。可市场上的产品动辄几十万种，“711”究竟是如何选择产品的呢？高变化、高周转、高毛利，这就是“711”选择产品的秘诀。

高变化是指持续更新产品。“711”便利店每年推出 1000 多种新品，算下来平均每天要更新三四种产品。更新快的主要原因就是为了让顾客能够保持充分的新鲜感。“711”便利店的主要顾客为年轻人，他们除基本的便捷购物需求外，还非常热衷于新鲜感。而这就要求便利店要能保持快速更新的状态，以便让顾客在买到最流行产品的同时，还能经常看到其他地方没有售的产品种类。由此，顾客就容易爱上“711”。

高周转通过定期淘汰销量不好的产品，添置摆放新品，来提升产品的平均销量，达到提升店铺总体营业额的目的。

最后，“711”便利店销售的产品普遍是高毛利型的。例如小包装的饼干、高档纯净水等。因为来“711”便利店购物的顾客大多对价格不敏感，

心理上容易接受这里的产品价位。

总而言之，“711”通过持续的产品更新，既可以给顾客带来新鲜感，还能保证产品高销量、高利润。

13.4.4 利用数据管理产品

24小时便利店已经成为日本人生活中必不可少的一部分，其创造了巨大的价值。日本便利店擅长利用数据管理产品，这一点在日本龙头便利店“711”上体现得淋漓尽致。

“711”便利店里售卖小吃、饮料、文化用品，甚至小电器等各种产品。而更令人感到稀奇的是“711”所使用的物流软件非常复杂，其可以跟踪人口数、天气情况，学校假期等数据。“711”通过数据分析可以预测每个门店是否需要在某个特定的时间增加供货。例如某学校的学校活动日，“711”就可以预测当日位于该学校附近的便利店会需要提供更多的饭团。

利用数据跟踪分析，“711”实现了精细化调整供应链。具体来说，一把牙刷的出售都在库存监控范围内。此外，“711”采用流线型、全天候的补货方式，这种方式极大降低了“711”的库存积压。

大部分的日本便利店都不具备大型的储藏室，它们通过电脑来跟踪每一件产品，让物流中心将准确的货品派送到相应的货架上。一把牙刷或者一卷卫生纸都是货车要运送的货物。得益于这种高效的供货系统，便利店的货架上可以容纳多元化的产品，同时减少工作人员的数量。

14

三体营销，微品牌也要搞大事情

中国品牌第一人、著名品牌战略专家李光斗最早提出了“三体营销”的概念。三体营销指的是在互联网时代背景下，通过社交的方式把生产者、销售者、消费者综合为一体的营销手段。对微品牌来说，三体营销十分适用。

14.1 三体营销核心观点

三体合一、降维打击、干掉你与你何干是三体营销的三大核心观点，下面进行详细解读。

14.1.1 三体合一

在传统经济中，生产、销售、消费是各自为营但又首尾相连的三大主体，生产决定消费。然而在互联网时代，三大主体的关系发生了转变。

在社群经济繁荣以及社交众筹模式出现以后，从生产者到销售者再到消费者的线性模式就被打破，这三者相互参与、相互交叠。具体来说就是，消费者既能参与产品生产，又能在产品销售中扮演重要角色，由此形成了生产者、销售者、消费者合一的综合体。这就是三体合一的观点。

从某种程度上说，在移动互联网背景下众筹让一个项目的发起者和消费者之间产生了交集。于是，众筹不再局限于互联网上的平台模式，发起者还可通过社交媒体发起众筹，任何人都能通过移动互联网参与众筹。

一个成功的众筹项目可以带给消费者参与感，为消费者同时体验生产者与销售者角色提供了可能性。随着人们生活水平的提高，从销售者那里简单购买产品的消费方式已经无法满足人们的个性化需求，小众化、个性化的私人订制，以及参与生产过程逐渐成为新一代消费人群追求的目标。

加州阳光红酒俱乐部曾经发起一个众筹活动，主题是“沐浴阳光，众享美国”。第一期众筹活动的目标为 5000 美元，需 100 人参与，活动分 3 年返利，每年为参与者提供价值 2500 美元的塔梅拉产区的优质葡萄酒。

通过该次众筹活动，参与者可以分享阳光、成果，订制属于自己的葡萄园葡萄酒。塔梅拉产区葡萄酒的市场批发价是每瓶 388 美元，会员价每瓶 168 美元，参与者既可以自己享用，也可以用来送礼，还可以在自己的朋友圈进行销售。

除此之外，参与者还可以享受庄园提供的酒庄体验，包括 EB5 投资移民、美国购房投资、越洋婚嫁、教育留学、月子中心、旅游考察等一系列顶级服务，更可以分享 50%的专属佣金。参与者自动成为代理人，共享红利。

从三体合一的角度来说，此次众筹活动的参与者既可以享受生产者的待遇，也可以在自己的朋友圈或者其他渠道将葡萄酒销售给别人，同时还够作为消费者品尝酒庄酿造的美酒。

由此可见，在社交众筹中，研发者、生产者、销售者、传播者、消费者等所有身份都可以集中在同一个人身上体现。这种商业模式的力量是非常强大的。如果不是采用社交众筹的模式，发起者想要建设和运营一个酒庄是相当困难的。

移动互联网时代，用户对于碎片化时间的应用得到社交媒体极大的满足，生产者与消费者、销售者与消费者之间的在线对话更为频繁。这种互动的结果就是消费者通过分享自己的产品使用体验和心得直接影响了产品的生产过程。

可以发现，消费者向生产者、销售者的转变在社交媒体的作用下变得非常简单。在社交元素的聚合下群体归属得以形成社群经济，即生产者、销售者、消费者这三者实现了三体合一。

14.1.2 降维打击

“降维打击”的概念来自于刘慈欣的科幻小说《三体》，讲的是太阳系之外的高等文明发明了一种叫作“二向箔”的武器，可以将太阳系从三维降到二维，在人类无法适应二维的情况下，地球文明的毁灭就成为了必然。

如今，人们发现在商业竞争中，“降维打击”的概念也同样适用。“降维打击”从科幻走向了现实，成为众多业内人士津津乐道的话题。所谓“降维”，就是指人类从三维降到了二维，便无法生存。一个企业若从三维降到了二维也同样无法生存。很多企业在发展过程中会发现自己已经失去了很多维度，给企业造成严重冲击。

营销竞争中的“降维打击”是一个宽泛的概念，即企业管理者在不同层次、不同角度的思维火花碰撞，体现了企业管理者对商业模型和业务模型的不同理解和认知。“降维打击”可以考验企业管理者对市场规则的熟悉程度、对企业发展进行规划的能力，以及行动的魄力。市场催生的成长压力和创新渴望是“降维打击”的基础。

在同一个维度上竞争，企业要想取得胜利是非常困难的。因为在同一维度上，先来者具有很大的优势，而有所成就的创业者总是有一些本事的。若要改变已经形成的市场格局，降维打击就是最好的方法。

电子商务通过互联网突破了地域限制，严重打击了很多传统的线下企业。在过去，一般只要商场开在人流量很高的地区，生意就能红火，在互联网的打击下，地域这个维度的影响力逐渐弱化。

互联网巨头对运营商的“降维打击”更为直接有效。

腾讯、微信等通过整合语音、文字和多媒体，为用户提供了一个优质的体验信息交互平台，运营商因此被“降维”成一个传输管道。运营商一方面要应对互联网的高速发展，另一方面则面临着更为密集的“降维打击”。

商界中很多企业管理者都通过对竞争对手发动“降维打击”，从而成就自己的事业。

在互联网领域，国内各大杀毒软件厂商以前通过收取软件费用赚钱，像瑞星、江民等杀毒软件每年都有几千万元甚至上亿元的盈利。360 安全软件面世时，通过免费战略在成本维度上成功地打击了竞争对手，于是传统的杀毒软件开始慢慢退出了历史舞台。

在电商领域，京东深知阿里巴巴所拥有的用户群优势，转而将物流配送服务做到极致，这令送货时间极大缩短，在时间维度上打击了天猫；在金融领域，尽管竞争激烈的金融市场已经趋于成熟稳定，余额宝依然凭借简捷的操作模式在用户体验维度上打击了操作烦琐的传统理财产品。在手机产品领域，小米的“降维打击”思维在小米系统开发、硬件上市、品牌塑造和饥饿营销上体现得淋漓尽致。尤其在手机销售环节，竞争对手的方式都是通过各级经销商和代理商的层层加价实现销售，但小米却以粉丝为基础建立了互联网销售渠道，在中间商维度上打击了其他手机品牌厂商。

面对来势汹汹的“降维打击”，企业应该采取哪些应对措施？下面总结了 3 大对策，如图 14-1 所示。

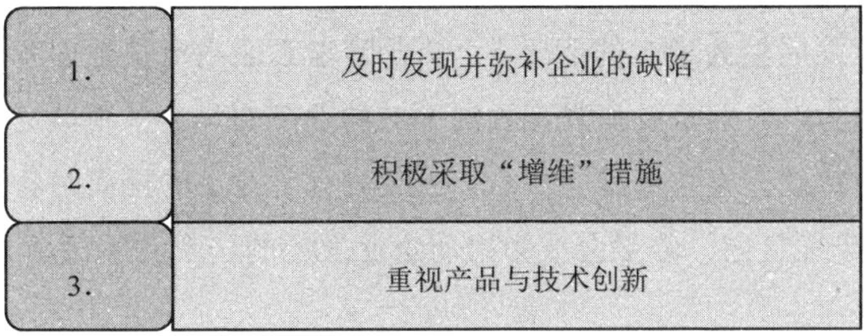

图 14-1 面对“降维打击”的 3 大对策

1. 及时发现并弥补企业的缺陷

“降维打击”不仅是一场进攻与防守之间的商业战争，还是企业领导者简单思维与复杂思维之间的较量。在市场竞争中，企业往往倾向于挖掘竞争对手的缺陷，其实发现自己的缺陷也很重要。企业应当不断丰富和优化自身的业务模型，及时发现并弥补自身缺陷。这样就尽可能地避免竞争对手发现自己的缺陷并采取“降维打击”。

2. 积极采取“增维”措施

在互联网时代，积极的防守对每家企业来说都是必不可少的，然而进攻却是最好的防守。企业不仅要增加自身的防御力，还要积极采取“增维”措施。在“维数”更多的情况下，企业不仅可以让“低维”的竞争对手无从下手，还可以对其实施“降维打击”。

3. 重视产品与技术的创新

创新是主动对竞争对手进行“降维打击”或被动应对竞争对手“降维打击”的有效手段。在互联网时代，与竞争对手进行较量的主要力量源泉是业务革新与技术创新。每一次成功的“降维打击”都是建立在新技术或新业务思维上的。

在企业发展较为稳定的情况下，企业管理者应当对技术创新投入更多的时间和精力，特别是要加强互联网领域的业务布局。多领域进行业务布局将为企业铸就一个多维保护平台，在应对竞争对手的挑战时就会有更多的筹码。“降维打击”势必会成为推动企业发展的一个竞争性动力。

14.1.3 干掉你与你何干

腾讯在推出微信的两年时间里就让移动、联通以及电信三大运营商坐立不安；阿里巴巴、京东等电商企业都在规划如何与银行抢饭碗；虽然百团大战的风采已然不在，但也出现了更多希望以 O2O 模式来彻底颠覆传统商业规则的企业。地段好坏和人流多少不再那么重要，因为在互联网上有一个更大的商业市场逐渐成形。

在这场变革中，去掉了价格维度的互联网经济打败了低维度的传统经济，消除了信息不对称、渠道不透明等问题，并在这一过程中培养起全新的消费者忠诚度。“干掉你与你何干”，指的是传统经济在互联网面前毫无还手之力，只能面对被淘汰的结局。

作为一种先进的生产力，互联网对传统经济的颠覆和重塑是一种必然趋势。在经历了门户、搜索、游戏、社交、电商等一波波浪潮后，在我国的互联网市场上已经不只有以 BAT（百度、阿里巴巴和腾讯）为首的超级巨头，在各个细分领域里也出现了大大小小的领头羊。而这一切的变化均得益于互联网带给传统产业的颠覆效应。

当商业遇到互联网，淘宝的交易额一天就达到几百亿元；当金融遇到互联网，天弘基金成为基金公司巨头，改变了基金行业的新业态；当家电遇到互联网，冰箱实现了智能化……

企业最害怕的竞争对手是什么样的呢？大部分企业对于现有市场内的玩家并没有太多忌惮。因为大家的游戏规则都是一样的，就像天猫不需要太担心京东、格力不需要太担心美的。最可怕的竞争对手是行业的外来者，他们完全不靠行业以往的方式生存，改变了行业的商业模式和竞争规则。在这种形势下，他们会傲慢地对你说，“干掉你与你何干”。

传统意义上的竞争仅限于业内的一席之地，而互联网时代的竞争则需要围绕自己的地盘建立护城河，其背后的竞争激烈程度和波及范围超乎以往。未来相当长一段时间里，多维企业打败低维企业、互联网巨头疯狂迭代也许会成为互联网经济下的主旋律。

14.2　三体营销深层逻辑

将自己的用户群与其他用户群进行区分、关注并满足消费者的个性化消费心理、管控好销售环节是三体营销的深层逻辑。这不单单是微品牌营销大战中的严酷生存法则，更是一种生存成长的美好希望。

14.2.1　区分用户群

找不到自己的用户群，就无法与之对话，更不用提精准营销了。想一想那些营销做得特别好的品牌，无一不是找到了自己的独有用户群，例如苹果、小米、宝马和特斯拉等。下面看特斯拉的营销之道。

特斯拉（Tesla）成立于 2003 年，是一家位于美国加州硅谷的电动汽车公司。特斯拉于 2010 年 6 月在纳斯达克公开上市，成为了唯一一家在美国上市的纯电动汽车的独立制造商。

在新能源汽车市场不景气的情况下，全球各大电动汽车制造商或者面临倒闭，或者依靠传统汽车业务维持现状，而特斯拉的盈利将人们的目光聚集到了新能源汽车领域。直至 2016 年 9 月，特斯拉真正摆脱了亏损，实现持续盈利。自此，特斯拉股价开始暴涨。

传统民用电动车具有车体笨重、行驶效率低，而且售价昂贵等诸多缺点。人们不看好电动轿车市场，甚至对电动轿车望而止步。特斯拉据此制定了自己的市场营销策略，以高端跑车为目标市场，这一策略让特斯拉变成众人追捧的对象。

毫无疑问，高昂的成本与售价使得特斯拉不可能在民用汽车市场立足，所以这种以制造高性能跑车的创新模式只适合于高端汽车市场。特斯拉的目标用户就是富有阶层，事实上，好莱坞影星布拉德·皮特（Brad Pitt）、乔治·克鲁尼（George Clooney）、阿诺德·施瓦辛格（Arnold Schwarzenegger）等都是特斯拉的用户。特斯拉用户不仅满足“富有”这一特征，他们还对新技术充满了好奇心，热衷于环保事业，不介意汽车的售价高低。这一切恰恰成就了特斯拉跑车。

在传统汽车普遍流行的情况下，特斯拉跑车带给用户的是新鲜、全新的体验。尽管特斯拉的成功不可复制，但是企业可以学习其成功经验，如图 14-2 所示。

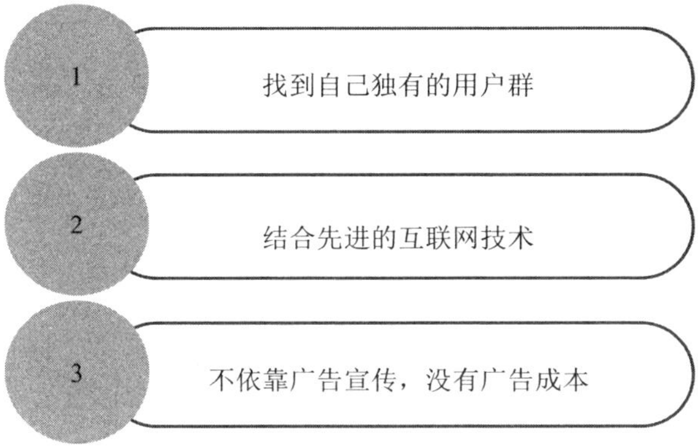

图 14-2 特斯拉的成功经验

1. 找到自己独有的用户群

特斯拉的目标用户群是富有阶层人士，包括企业家、科技迷等。这一类用户对车的要求不在于功能，而在于体验感。他们在使用产品的同时希望能够彰显自己的个性。他们喜欢有格调、有标签的产品，特斯拉符合这一点。

一位特斯拉车主是这样描述特斯拉汽车的："我认为特斯拉最伟大的地方在于将汽车重新变成了一种身份、地位的象征。当然，这种象征在美国不仅仅是'富人开的车'，更多则是'全球科技含量最高的汽车'！我开着特斯拉汽车上街的时候是非常骄傲的，因为我代表的是高科技的弄潮儿。"

在美国硅谷的高科技园区，经常能够看见那些苹果、谷歌的员工们开着特斯拉汽车上班。找到自己独有的用户群的是特斯拉取得成功的重要因素之一。

2. 结合先进的互联网技术

特斯拉汽车作为一款名副其实的智能汽车，不仅性价比非常高，而且软硬件结合的方式更是让很多用户震惊。特斯拉选择砍掉一切中间渠道，借助互联网的力量成功颠覆了传统汽车 4S 店的经营模式。

特斯拉与传统汽车厂商相比有两个优势。首先是快，特斯拉通过互联网对用户与供应链做出快速反应。其次是个性化，特斯拉放弃批量生产的生产模式，做到了汽车个性化生产。

3. 不依靠广告宣传，没有广告成本

特斯拉将产品和用户放在核心位置，促使用户自发进行口碑传播。特斯拉通过以下三个方面塑造口碑。

（1）特斯拉汽车公司创始人马斯克通过明星效应将公司人格化。

（2）擅长发动用户的能量。在中国，特斯拉用户包括著名企业的创始人们，例如雷军、丁磊、王小川、张朝阳、王石等。如此一来，科技大咖的示范作用不容小觑。

（3）让产品本身“说话”。特斯拉汽车有很多微小的创新点，引发人们热议。例如特斯拉汽车没有发动机，车门上没有钥匙孔等。让产品自己“说话”的方法是无成本宣传的重要途径。

14.2.2 处理消费心理

营销是一项考验智商、情商的工作，它要求品牌运营者掌握与消费心理相关的知识，并据此制定营销战略。常见的消费心理包括从众心理、求

实心理、攀比心理和求异心理等。

下面以唯品会为例，看它是如何利用消费者的消费心理展开营销的。

唯品会于 2008 年由沈亚等人联合创立。自成立以来，唯品会受到广大用户的喜爱，在 7 年内实现了注册会员数从 0 到 1 亿人次的巨变。唯品会还凭借“一家专门做特卖的网站”的差异化定位，成功将“特卖”打造成了一个人尽皆知的热门词汇，更通过“正品折扣”带给用户品质生活和幸福的体验。

根据权威数据分析机构——信诺数据的调查显示：唯品会的会员在唯品会平台的平均逗留时间明显要高于其他平台的会员，会员活跃度高居行业首列。目前，唯品会的合作品牌达 13000 多个，包括服装、饰品、美妆、母婴、居家、食品等全品类品牌正品，除此以外，唯品会旗下还有 1000 多个买手为用户实时精选品牌产品。

唯品会为了保证正品而直接同品牌方或品牌方授权的经销商合作，以确保正品货物和深度折扣。同时，唯品会本身在进行多项产品质检的同时和保险公司合作，给每一份产品都投保了正品保险。正是这一系列行动，唯品会正品折扣的特征深入人心。由于其极大地满足了消费者的求实心理，所以使得唯品会的会员数量得到了持续增长。

唯品会平台为用户打造的抢购体验是对从众心理的应用。唯品会在每天上午 10 点、晚上 8 点就会准时上新 100 多个品牌，涵盖男女服饰、居家数码、美妆护肤、母婴等全品类产品，折扣更低。一般 3 到 5 天为一个品牌的特卖档期，用户可在超值抢购的福利中获取最优质的产品。为了让用户抢购乐趣升级，唯品会提高了当季新品和首发产品的比例，让用户能够在唯品会平台上发现更多惊喜。为消费者提供既便宜品质又好但是数量有限的产品是唯品会成功的关键。

如今，闪购特卖已经成为唯品会的标识，唯品会的广告语“唯品会，一家专门做特卖的网站”也为人所知。实际上，特卖并非专属于某一家电商企业，而唯品会也不是业内首家做特卖的企业。然而，唯品会却是当中做的最为成功的一家。

唯品会闪购、特卖模式的 3 大特征是：精选品牌、深度折扣、限时限量。唯品会通过 B2C（商对客）的形式，定期推出各类品牌产品，以远远低于原价的折扣价格向会员用户出售，特卖活动具有定时定期、限时限量的特点。

特卖模式，即抢购正品折扣，这既是一种电商模式，又是一种营销方式。唯品会紧紧抓住“特卖”的属性，推翻了“便宜没好货，好货不便宜”的传统观念，将正品折扣、特卖的观念推广开来，令用户产生“品质与优惠兼得”的购物欲望，以此点燃用户的购买热情。在唯品会平台上，没有比价系统，没有搜索服务，这恰好契合了许多女性用户“逛街”的习惯，大大增加了用户黏性。

用户在浏览唯品会页面时，很容易在“特卖”和“抢购”的诱惑下消费。原本价值几千元的品牌也许只需要几百元，这对用户的冲击力非常强大。唯品会限时促销通过专门页面设计的方式让用户在获取优惠的同时不会产生任何廉价感，增大了用户在心理方面的接受度。唯品会的商业模式被业界称为线上的“奥特莱斯”。唯品会打动用户的经验可以总结为：正品、折扣、限量抢购。

参与唯品会特卖的用户永远不知道下一次特卖活动会有怎样的优惠和优质产品，而且一旦错过这次抢购活动，可能就再也不能享受到如此诱人的正品折扣。正是因为这种心理，本来普通的电商购物便充满了未知的兴奋，用户的购物欲望和热情由此被激发出来，从而为唯品会的盈利作出巨大贡献。

14.3　三体营销追求的效果

微品牌追求通过线上、线下整合营销达到最佳的营销效果，满足互联网时代用户的个性化、订制化需求，这与三体营销追求的效果是一致的。

14.3.1　多渠道整合

新零售即线上与线下相结合的零售模式。而新零售时代的营销方式就是线上、线下整合营销。线上、线下整合营销是一种以消费者为中心的营销模式。这种营销模式要求企业利用所有的销售渠道，使消费者在不同渠道的购物体验无缝连接，从而让消费者享受消费过程。在这种营销模式中，消费者可以自由选择各种营销渠道，如实体店、互联网、手机以及呼叫中心等，随时随地享受极致的购物体验。

线上、线下多渠道整合也是三体营销追求的效果。不少企业已经找到了能够同时覆盖线下用户和线上用户的多渠道整合营销策略。例如作为闻名遐迩的法国服装品牌 LACOSTE 在中国地区的运营商，梦田服装（上海）有限公司（以下简称“梦田服装”）曾经精心筹划了一场品牌活动——以邮件、短信、微博等渠道叠加的营销布局完成线上与线下用户全覆盖。该品牌活动吸引了众多用户关注品牌，继而增加了品牌和会员之间的互动，使得会员数量不断上涨，进一步完善了会员数据。

在线上渠道营销方面，梦田服装以邮件作为主要推广渠道，配合微博实现活动宣传扩大化。梦田服装为了最大程度地覆盖线上和线下用户，还以时下流行的二维码作为线下会员招募的重要渠道，再配以短信的方式来实现最佳营销效果。

线下渠道配合互联网时代的各类新型媒体，可以使传播内容得到最有效传播，达到多渠道整合营销的效果。下面是多渠道整合营销中主要的整合营销渠道，如图 14-3 所示。

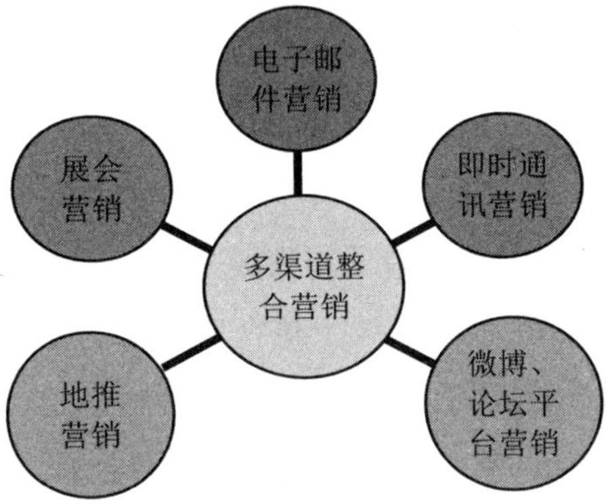

图 14-3　多渠道整合营销中主要整合的营销渠道

1. 电子邮件营销

电子邮件是一种直接的、应用较为广泛的营销方法的传播方式。以电商企业为例，一旦有用户注册成为网站会员，系统便会给用户发送电子邮件介绍网站及网站产品。电子邮件营销可以长期进行，例如经常给用户发送电子邮件告知用户相关产品优惠信息。这样一来，用户养成长期访问网站的习惯，不仅可以增加网站访问量，还可以促进产品销售。国内很多

B2C（商对客）类型的网站都利用了这种营销方式，如淘宝、京东等。

2．即时通讯营销

QQ、MSN、微信等即时通讯工具是非常好的互动平台，而这种传播方式也使营销因互动而变得简单、有效。在这些平台上，如果用户认为产品或者内容有价值，就会顺手把信息分享或转发给 QQ、MSN 或者微信中其他有相同兴趣爱好的好友。这种营销传播途径可以有效扩大营销范围，信息价值得到显著提高。

3．微博、论坛平台营销

微博论坛等平台营销是近几年刚流行起来的营销方式。很多明星在微博中宣传自己代言的产品，取得了很好的效果。微博、论坛拥有大量用户，是企业还未深入开发的营销资源，如果企业营销推广抓住了这个机会，在这个竞争日益激烈的市场中，将占有一席之地。腾讯、新浪、搜狐等大型门户站都看准了这块有待开发的资源，建立了自己的微博平台。在微博中进行营销推广，很快捕捉到了对信息感兴趣的目标受众，并通过话题传播实现了口碑营销。

4．地推营销

地推营销泛指地面上点对点、人对人的推广活动，通过企业营销人员与目标用户群直接接触、沟通实现推广目的。地推的营销效果真实、直接，是其他营销渠道所无法相比的。地推可以让更多的消费者参与进来，在现场进行产品体验和互动交流，有助于消费者进一步了解产品和品牌。

5. 展会营销

展会或建立免费体验店都是为了让更多的消费者参与进来，通过亲身体验增强对产品或服务的印象，然后主动为产品或服务做口碑宣传，进而扩大品牌影响力。需要注意的是，无论是展会，还是免费体验店都需要根据产品特点设置。

企业可通过与各个渠道用户的互动来为用户提供个性化体验，这是多渠道整合营销的最大优势。当然，多渠道整合营销的实现是非常复杂的，这要求企业掌握与用户交互的数据，以确定各渠道下不同用户的背景，并进行各渠道之间的相关性沟通。做到这一点，多渠道整合营销才算成功。

14.3.2 精准定位每一个用户

在用户定位方面，传统的营销方式普遍以人口统计学原理对用户的消费习惯、心理特征、兴趣爱好等因素进行衡量，有时还借助一些专业的市场调查机构。

在互联网时代，三体营销希望更加精准地定位每一个用户，这一效果的达成离不开数据挖掘、数据分析技术的应用。

在数据运算方面，数据挖掘与数据分析技术具有很大的优势。通过对用户行为、属性、印记分析产生的实时分析引擎模型能够将结果实时传递给决策人员。这种动态、实时的反馈数据，可以全面、真实地反映用户状态，精准定位每一个用户的需求。

英国 TESCO 集团是全球三大零售商之一，该公司擅长将数据挖掘与数据分析技术用于营销，从而促进了销售额增长。

在伦敦，一位顾客在某一天收到 TESCO 超市邮寄来的包括德芙巧克力、德国啤酒与二段奶粉的优惠券。该顾客非常惊讶，因为她非常爱吃巧克力，德国黑啤是她丈夫每天的必备饮品，她 6 个月大的孩子一段奶粉马上吃完，正是该从一段升级为二段的时候。但这一切并不是巧合。

长期以来，TESCO 始终坚持收集、分析用户的消费行为数据，并对每一个会员的个性化需求做出预测，通过优惠券的形式挖掘会员用户的终身价值。就像显微镜能让人眼看清微生物一样，数据挖掘技术让 TESCO 超市了解了每一位用户的消费需求。

该顾客在两年前第一次去 TESCO 超市购物时获得了一张会员卡。超市会对员卡的应用是非常普遍的，但一般会员卡只有积分和打折的简单功能。TESCO 却利用会员卡对用户的消费行为进行了记录，包括每次消费的产品总量、偏爱产品类型、产品使用频率等。随着用户数据不断累积，TESCO 对用户需求、习惯和偏好的预测也逐渐变得精准。

TESCO 始终坚信一种理念——用户的消费数据代表着用户类型。例如某位男性会员近期经常购买面包、火腿、方便面和啤酒，那么他是单身的可能性最大；如果一位女士的消费记录中接连出现奶粉、尿布等婴儿用品，那她很可能是一位母亲；如果一名家庭主妇多次购买了老年人保健品和儿童玩具，那她很可能生活在一个三代同堂的大家庭……

数据挖掘与数据分析术为 TESCO 带来了很多商机。TESCO 的企业数据库包含上千万个会员的消费数据，其按照多种标准将会员划分为不同的组群。在该组群所依据的划分标准中，有的按照忠诚度划分为机会型、忠诚型、已流失等；有的消费能力划分为高、中、低三档；有的则按照购物习惯划分为时尚辣妈、数码达人等。

例如某顾客购买最多的产品是化妆品和服装，符合未婚女性的消费特征；两个月后，该顾客开始购买男士服装和鞋袜以及生鲜、酱油等厨房用品，这时符合初为人妇的女士消费特征；直到后来，该顾客开始大量购买怀孕的用品，那么 TESCO 将其划分到孕妇的分类中。

TESCO 最看重的一类会员就是被划为孕妇群组的会员。孕妇的消费行为习惯改变是非常明显的。例如关注妊娠期所需要的特殊护肤品、生产后对奶粉和尿布的消费、婴儿成长期对玩具和童装的消费等，从而非常容易明确孕妇所具有的消费特征。

很多女士第一次怀孕并不知道自己需要买哪些东西，而 TESCO 为她们邮寄的优惠券可以有效地提醒孕妇所需，使她们产生“对了，我正需要这件商品”的想法。

很多人认为数据挖掘与数据分析技术就是服务器中充满运算法则的枯燥计算，实际上它是非常有趣的。好比出海打渔，在茫茫大海中，利用数据能够精确地告诉渔夫在何处撒网可以捕捉到大鱼。可以说，数据挖掘与数据分析技术对互联网时代的企业营销有着不可估量的价值。

TESCO 每两个月就会依据用户的消费数据来为用户选取两张“满立减”的优惠券和 10 张有关的商品优惠券并邮寄给用户。基于数据挖掘数据分析技术，其优惠券的有效回收率可以达到 25%，但同行只有大约 2%。自 2007 年 TESCO 实行会员制后，每年发出的优惠券超过一亿张。

TESCO 还为用户细分人群组建了十多个俱乐部，达到了深度营销的目的。例如“足球俱乐部”是针对单身男士而组建的、“妈妈俱乐部”是针对年轻母亲而组建的……除此以外，超市还为不同的俱乐部制作不同版本内容的杂志，杂志中会刊登这些细分人群最关注的优惠信息和话题。

业内人士认为，在采购方面，沃尔玛是佼佼者，而在营销方面，TESCO则十分出色。TESCO 公司的会员制是其成功的关键，而会员制的秘诀就是通过数据挖掘与数据分析技术精准定位每一位用户的潜在需求，从而实现精准营销。

当用户收到含有大量需求产品的优惠券时，往往会认为超市非常了解自己，非常用心地提供私人订制化服务，而不是一味地推销用户不需要的产品。TESCO 的成功对中国零售企业的启示如图 14-4 所示。

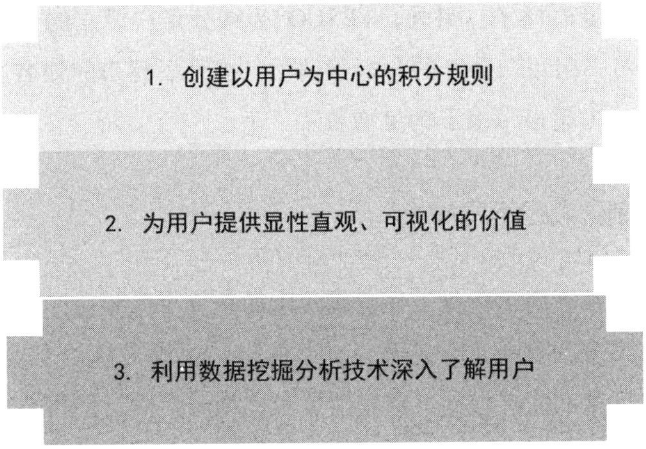

图 14-4　TESCO 的成功对中国零售企业的启示

1. 创建以用户为中心的积分规则

TESCO 超市的会员制本着以用户为中心的原则，让用户能够以最低的成本了解其积分规则。成为 TESCO 会员后，用户每消费 100 元，就能得到价值 1 元的积分奖励。

2. 为用户提供显性直观、可视化的价值

用户累积的奖金可以兑换成“消费代金券”，TESCO 超市会定期将其邮寄到用户家中，带给用户显性化价值。同样的价值，是否具有可视化的特点给人的感受是不同的，例如同一个用户对相同金额不同消费方式的感受不同，用现金消费时用户的自控力更大，而刷卡消费时则容易花得更多。

3. 利用数据挖掘分析技术深入了解用户

TESCO 超市的用户数据库拥有高质量、精准化的用户数据，知道每一个城市每一个家庭每星期花费多少钱买水果，甚至知道哪个家庭喜欢苹果，哪个家庭爱吃橘子。另外，TESCO 为细分用户设立的十几个不同的俱乐部，针对不同用户展开的深入营销不仅提升了超市的知名度，也受到了用户欢迎，为超市带来了销量增长。

14.3.3 订制化满足不同需求

订制化满足不同需求是三体营销追求的第 3 个效果。订制化指的是以消费人群的细分为基础进行产品设计、生产，以满足日益丰富的多层次、个性化消费需求的生产模式。随着消费者市场的形成，企业必须看重细分领域消费者的需求，通过提供更个性化的产品与服务提升企业竞争力。

在互联网环境下，很多企业通过订制化生产为用户制订了最合适的方案，提升了企业的品牌美誉度，获得了极好的用户口碑。例如戴尔、亚马逊、宝洁等企业为用户提供私人订制服务，获得了用户的一致好评。

电商和传统企业追求的最高境界——希望形成一种具有个性化、可私人订制的经营模式。在市场竞争日渐激烈的情况下，订制化生产将成为企

业占据市场有利地位的有效途径。而私人订制时代将是市场发展的未来趋势。

“订制”发源于伦敦梅菲尔购物街区——萨维尔街，其以传统服装行业订制男士服装而声名大噪。如今，市场的主流消费群体是“80 后”、“90 后”，时尚个性、与众不同的生活方式是他们的追求。他们强调自我意识，对目前市场上的复制化产品很是厌倦，有着理性而又冲动的购物习惯。他们个性化的生活方式，将推动私人订制时代的到来。

甲骨文公司研究调查发现，消费者追求全球化水平的购物体验，但是又青睐本地化的产品功能。如果企业能够根据消费者的个人偏好量身订制产品，那么没有一个消费者会抗拒。

随着消费者在市场中的决定性作用越来越明显，消费者开始充当起产品设计者和生活方式缔造者的角色。大部分年轻人不喜欢市场上千篇一律的商品，他们更倾向于体现自我个性的订制商品。这就要求企业在整个产业创新流程中加入对消费者个性需求的考虑，利用各种资源有效地满足消费者的个性需求。

实行订制化生产对企业提出了严苛的要求，企业必须在产品设计、生产、供应、销售以及配送等各个环节上适应小批量、多样式、多规格的生产和销售变化。在订制生产过程中，大数据在挖掘消费者个性需求、产品设计、建立多渠道营销策略等方面起着重要的参考和促进作用。订制化生产的出发点是消费数据。

天猫电器曾经推出家电订制化生产模式。订制生产模式共包括 12 条小家电生产线，可以生产 12 款“订制小家电”产品。订制化生产模式推出的一天时间内，吸尘器、扫地机、电烤箱、电风扇等电器销量共达到18万台。突出的销售业绩引发了业界的广泛关注。天猫此次营销活动以多年以来收集的消费者大数据为基础，并获得了美的、苏泊尔、九阳等十余家家电企业的大力支持。

订制化生产的产品，容易得到市场的接受与认可，并在很大程度上受到消费者偏爱。订制化生产的理念有助于企业资源得到最优化配置，从而避免出现因定位不准导致的产能过剩。其中，检验数据的可靠性与可挖掘价值及是否应当将其看作订制化生产指标的问题至关重要。这样一来，企业就必须注重数据收集的科学性、逻辑性与准确性。

15

品牌衍生，长远发展

品牌衍生是一种品牌经营战略，指的是在成功品牌的部分元素添加新元素，组合成为一个新品牌。苹果从“iMac”到“iPod”、再到“iPhone”的变革创新，堪称品牌衍生的经典案例。品牌衍生让新品牌不仅能获得成功品牌部分优势，还能彰显出自己的独特个性，企业还不需要重新设计一个与现有的成功品牌完全不一样的名称，从而大大节约了营销成本。

15.1 品牌愿景

品牌愿景指的是一个品牌的未来蓝图和终极目标。品牌愿景需要明确地告诉大家，品牌现在代表什么？未来代表什么？品牌愿景不是运营者自己独立制定的，它代表着员工的共同愿望和目标，也是用户对品牌期望的表达。品牌愿景一定要和企业的使命、价值观保持一致。若品牌没有愿景或愿景只存在于表面，那么品牌的发展方向也会模糊不清，这样容易出现营销方案前后不一致的问题。

15.1.1 设立品牌愿景

品牌的建立、发展都是从品牌愿景的设定开始的。品牌需要通过一个有力而清晰的描述来展现雄心壮志，具体来讲就是希望用户、员工和合作伙伴是怎样看待品牌的。营销计划中的品牌建设元素由品牌愿景最终决定，品牌愿景在在很大程度上会影响其他因素。

腾讯的愿景是“最受尊敬的互联网企业”；小米的愿景是“让每个人都能享受科技的乐趣”；阿里巴巴的愿景是“让用户相会、工作和生活在阿里巴巴，并持续发展最少 102 年”，以及“让天下没有难做的生意”。

品牌愿景往往因为一句简洁明了的话语就能让人记住，但是愿景的背后却代表了企业长远的使命。品牌愿景不仅会对公司员工产生激励作用，还会使他们围绕愿景这一核心目标制定方案，落实行动。

从开发到描述再到落实的过程中，品牌愿景都与团队建设保持着紧密联系。而且，品牌愿景也是制定营销战略的关键因素。所以，在确定愿景之前，企业经营者要对企业的长期目标进行深刻理解，对商业系统的运行和创新有所把握，认识愿景的重要性。这样才能保证品牌愿景覆盖更多群体，最终惠及每一位消费者。

品牌愿景的设定需要从大格局出发，从思维层面反映品牌战略，这样才能使合作伙伴以及用户产生一致前进的动力。一般情况下，品牌愿景的框架是：我们为了一个共同目标而努力，为用户带来优质产品，为品牌建设搭建理念性支架。这种理念性支架应当具有很强的韧性和伸缩性，能够在市场和消费者之间进行合理选择。下面一起看设定品牌愿景的3个步骤，如图15-1所示。

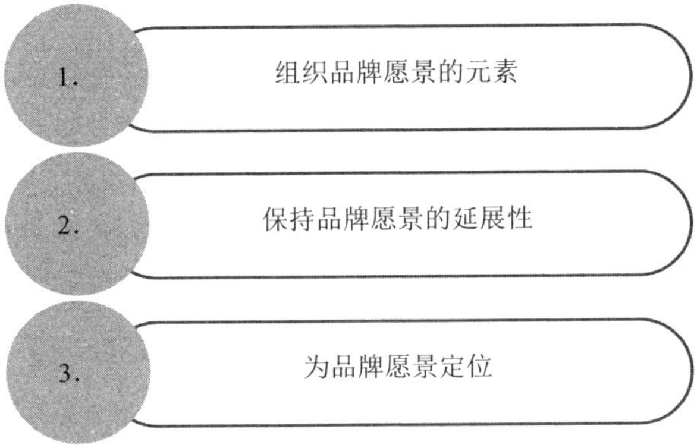

图15-1 设定品牌愿景的3个步骤

1. 组织品牌愿景的元素

品牌愿景一般可以由几个词语构成框架。当然，具有大格局性质的愿景是很难用一两个词语描述完整的，但可以通过这几个词语初步描绘。可以说设定品牌愿景的第一步就是组织品牌愿景的元素，例如首先挑选5个左右核心关键词，将品牌愿景通过关键词的形式体现出来，构成初步的框架基础。

2．保持品牌愿景的延展性

愿景本身是对未来的规划和目标，在实现过程中肯定会遇到突破性问题，所以延展性是品牌愿景必须具有的特征。例如公司拓展新的业务或领域后，原有的品牌愿景已经无法承载裂变后的公司形态，这时愿景要具有延展性，才能适应不断发展的形势。

3．为品牌愿景定位

这里的定位侧重于为愿景定位，即满足何种目标用户群，在品牌发展过程中有什么作用等。品牌愿景定位会始终对品牌的发展发挥作用，即使百年以后依旧如此。事实上，即使是百年品牌的资深企业，其品牌愿景也处于微调状态，但共同点是始终具有可信度和认同感。

品牌愿景在设定过程中既要嵌入合适元素，注入延展基因，也要在长期规划中有清晰的定位。满足这 3 点，品牌愿景才能持续对企业产生影响力。

15.1.2 西贝：如何实现品牌愿景

西贝是一个连锁餐饮品牌，由贾国龙于 2001 年 11 月建立。“西贝”本身有两层意思，一是指“西北”，二是指创始人贾国龙的姓氏“贾”。西贝创立后的第二年就实现了营收过亿元，随后开始布局全国，定位是“西贝莜面村”。2010 年，西贝的营收达到 5 亿元。截至 2017 年 8 月，“西贝莜面村”在全国开了 200 多家店，年营业额超过 35 亿元。

“全球，每一个城市，每一条街，都开有西贝，成为顾客最爱用餐地，因为西贝，人生喜悦”是西贝的品牌愿景。在品牌愿景的支撑下，西贝制定了下一个黄金十年的目标——在2015年到2025年的十年时间里，在100个城市（不限中国）开1500家店，实现200亿元营业额、13%净利润率，达到市值600亿元。

为了实现这一目标，西贝在以下几个方面发力，一步步走向目标，如图15-2所示。

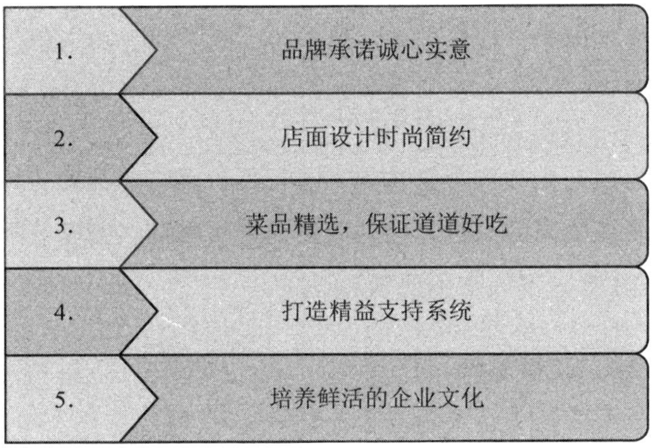

图15-2 西贝实现品牌愿景发力的五个方面

1. 品牌承诺诚心实意

西贝采购的羊肉来自西北草原，五谷杂粮来自西北高原，保证原材料天然；西贝产品采用传统制作工艺，不添加鸡精、味精和香精，保证口味地道。

2. 店面设计时尚简约

西贝莜面村以散座为主，其店面面积一般为300~600平米，设置少量的半封闭包间。未来9，西贝计划主打小店形态，并做到小而多。通过手工展示、全明档、莜面妹、红格子台布等视觉要素，西贝成功打造了一种阳光明媚、充满丰收喜悦的环境氛围。

3．菜品精选，保证道道好吃

西贝致力于通过精选构建核心竞争力——好吃。在菜单设计上，西贝本着精选、再精选的态度推出44道菜品和22道饮品。其中莜面是永恒的主题，西贝在经典不变的基础上不断推陈出新，如杂粮汤面、杂粮点心、杂粮焖面、烤羊肉串、炒烤羊肉、烤羊排、烤羊腿、功夫鱼、大拌菜、面筋、酸奶等美食。

西贝作为第一个在大众餐饮里不实行低价策略的品牌，其虽然向客人提供小份菜量和较高的菜价，但是保证了产品质量，实现了西贝对顾客的承诺："保证好吃，不好吃不要钱"。

4．打造精益支持系统

西贝追求精益求精的支持系统，如研发系统、开发系统、财务系统、供应链系统、信息化系统、厨房系统、服务系统、新店营建系统、人力资源系统、食品安全系统、品牌推广系统等。

在中餐里，西贝是明档的开创者。西贝的几个高管在去日本考察获得了灵感，于是贾国龙立即安排大批人马前去学习。得益于西贝高效的组织效率，明档和西贝餐厅才能被很快地完成了整体合一的布局。

5．培养鲜活的企业文化

"全球，每一个城市，每一条街，都开有西贝，成为顾客最爱用餐地，因为西贝，人生喜悦"是西贝的品牌愿景；"创造喜悦人生"；西贝的核心价值观是"真实、负责任、荣耀承诺"是西贝的使命。

就像贾国龙所说的“不争第一，我们干什么!”，正是西贝拼搏上进的企业文化吸引了大批优秀人才。西贝人一辈子都在做一件事，那就是不断发展，不断精进，让更多人吃到西贝美食，让全球每一个城市都有西贝的身影，力求把西贝打造为全球最受尊敬的餐饮店。

西贝成功实现品牌愿景，说明了企业设定一个美好愿景的重要性，那就是在品牌愿景的支撑下，付出全部精力，靠近最终目标。

15.2 品牌衍生策略

对于想取得长远和可持续发展的企业来说，不仅要在品牌打造方面下足功夫，而且还要活用品牌、善用品牌，让现有品牌发挥出强大的辐射效应和扩散效应，从而最大程度上吸引用户眼球，争夺市场份额，发挥类似于广告的营销效应。

15.2.1 只适用于关联度较大的产品

作为一个品牌经营策略，品牌衍生不仅能推动产品营销，还能提升企业的价值内涵。苹果、无印良品、云南白药等企业都实施了品牌衍生策略，创造了不少商业经典案例。

说到衍生，其内部动因是企业扩张的天性。例如海尔公司从冰箱延伸到冷柜、空调后又进入电脑、手机、微波炉等产品领域。进行这些品牌衍生领域之前，海尔已经将其品牌定位为高科技的精品，而且在全球遍布营销渠道，让消费者触手可及。

消费者的多元化需求和同一生产领域的激烈竞争，是品牌衍生的外部动因。这两个动因除为企业提供多元化产品创造可能外，也促使企业通过衍生来寻找新的成长空间。衍生绝非简单的复制与嫁接，而是以深刻理解目标消费群的共性需求和品牌核心价值为立足点开发衍生产品。因此，衍生的同心力是共性和包容力。

品牌衍生策略并不适合产品关联度较低的产品，而仅仅适合较为接近的产品。在品牌衍生策略中，原有品牌的影响力太大，可能导致新品牌难以展现强烈的自身个性，因此该策略适用于关联度比较高的产品。若企业要开发和原有产品具有明显差异的新产品，那么尽量不要采用品牌衍生策略，而是重新开发一个独立品牌。

无论是过去还是现在，无论是东方还是西方，品牌衍生都已成为一股席卷整个市场的风潮。对于新品牌来说，在一个新品牌中植入已经成功的品牌元素要比白手起家容易得多。而对于已经成功的品牌来说，如果可以为品牌收获额外的营收利润，又何乐而不为?

15.2.2 苹果的品牌衍生布局

截至 2017 年 8 月，苹果的市值已经将近 8000 亿美元。仅在 2017 年，苹果的股价就上涨了近 35%。苹果的成功源于其不断超越传统的思维方式和经营体系，并由此构建了一个“持续的、跨界别、跨产业”的复合式创新体系。苹果从不停留在销售某一款产品的层面，而是通过品牌衍生不断渗透到其他领域，向消费者传递一种文化理念、一种生活方式和一个强大的平台。

苹果公司创立之初，专注于开发和销售个人电脑，第一代苹果电脑

Apple I 就是在这段时间里被推出的。1977 年，公司联合创始人史蒂夫·沃兹尼亚克（Steve Wozniak）成功设计出更先进的 Apple II，成为人类历史上第一台个人电脑。此后，苹果还推出 Apple II 的多种改良型号，包括 Apple IIe 和 Apple IIgs 等。直到 20 世纪 90 年代末期，Apple IIe 和 Apple IIgs 仍被许多学校使用，成为个人计算机的代表作。而真正造就了苹果公司巨大成功的，则是后来的品牌衍生布局，如图 15-3 所示。

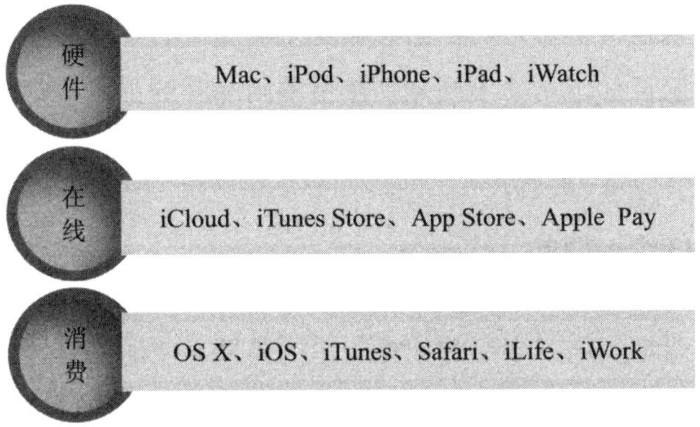

图 15-3 苹果的品牌衍生布局

如今的苹果公司已经从一家个人电脑开发和销售公司，发展成为集设计、开发和销售（计算机软件、在线服务和个人计算机）于一身的科技巨擘。正如公司的口号一样，苹果不断探寻自己的“Switch”（变革）之路。

相关产业领域的现有格局总会受苹果公司每次推出的重磅新产品而发生变化。如苹果推出的 iPod 和 iTunes 服务直接加速了业界向数字音乐的转变；推出的智能手机 iPhone 更是冲击了以通信功能为主的传统手机行业，引领了一种新型的移动办公和移动娱乐观念；2015 年上市的智能手表 iWatch，则在可穿戴设备行业中开辟了市场。

这就是苹果品牌衍生布局的全部吗？当然不是。无人驾驶汽车、原创内容、人工智能、VR（虚拟现实）和 AR（增强现实）都是苹果正在开发的领域。

15.3　品牌多元化、系列化

品牌多元化、系列化是企业实施多品牌战略的具体体现。多品牌战略是指企业根据目标市场的不同分别使用不同品牌的品牌决策策略，其目的是以多个品牌满足不同细分市场的差异性需求，从而占领更多细分市场。

15.3.1　降低企业风险

很多企业都实施了多品牌战略，包括苹果、宝洁、万达、统一等。在全球实施多品牌战略的企业中，宝洁公司堪称业内经典。在宝洁公司旗下，独立品牌多达八十多种，这些品牌相互独立又相互关联。

在洗发、护发用品领域，宝洁公司拥有潘婷、海飞丝、飘柔、沙宣等品牌；在清洁剂领域，宝洁公司拥有汰渍、碧浪等品牌；在个人清洁用品领域，保洁公司拥有舒肤佳、玉兰油、卡玫尔等品牌；在口腔护理用品牌领域，宝洁公司拥有佳洁士、欧乐 B 等品牌……

尽管实施多品牌战略的企业有很多，但是像宝洁这样成功的企业还是有限的。事实上，企业发展到一定规模才适合实施多品牌战略，初创企业应当集中精力，发展核心品牌和核心产品，而不要贸然采用多品牌战略。

多品牌战略有两个特点：一是企业根据不同的市场创建不同品牌。例如飘柔的市场是“让头发更飘，更柔”，潘婷的市场是“让头发拥有健康，更加亮泽”，而海飞丝的市场则是“快速消除头皮屑”。

二是各品牌之间的经营具有一定独立性。尽管飘柔、潘婷和海飞丝都是宝洁公司旗下品牌，但是 3 个品牌之间是相互独立、相互竞争的关系。

将公司的信誉维系在多个品牌上可以降低企业风险，更有效地保护企业。如果一个品牌的产品出现问题被曝光，那么受影响的只有这一个品牌，其他品牌受到波及的可能性很小。试想一下，如果不是特意关注，你会知道飘柔、潘婷、海飞丝是一家公司的吗？

但假如宝洁公司旗下所有产品都使用同一个品牌名，那只要一款产品出现了问题，其他产品都将受到影响。这就是大企业实施多品牌战略的一大优势。

15.3.2　有助于占领更多细分市场

鉴于消费者多样化和差异化的需求，不同消费者群体对产品档次的追求也显得不尽相同。在这种形势下，通过多品牌战略抢占更多细分市场成为企业的共识。

下面一起看体育用品公司安踏在多品牌战略方面的实践。在体育用品市场，也许安踏在多品牌方面的布局最大。除安踏、安踏儿童外，安踏公司在高端市场还拥有 FILA、DESCENTE、FILA KIDS 等品牌。

随着消费者群体年轻化和需求差异性的愈发明显，仅由批量化和规模化的生产模式已经无法满足消费者的个性化需求。为此，安踏推出个性化产品订制服务——ANTAUNI。ANTAUNI 的推出有利于强化消费者与产品之间的互动，满足了消费者的个性化需求。

2016 年，体育用品企业通过实施多品牌战略取得了不错的成绩，安踏、361°、李宁、特步这 4 家体育用品公司毛利率均在 40%以上，升幅明显。

除多品牌战略以外，体育用品公司也开始在消费升级中寻求突破口，例如捕捉女性消费者。众所周知，由于竞技体育的主要参与者大多为男性，所以男性消费者也就是体育品牌资源的固定对象。然而，在消费升级的趋势下，女性对健康和身材的关注度正在逐渐提升。女性消费者体型差异明显，更注重产品的舒适性和个性化。于是，体育用品企业纷纷开始在女性消费者身上下功夫寻求突破。

以李宁为例，针对女性消费者，李宁推出了舞蹈运动服装品牌 Danskin。李宁试图通过在女性消费市场发挥影响力的方式来进一步提升市场竞争力。随着人们对健康的新生活方式的重视程度逐渐提升，各企业开始在多品牌战略布局方面发力。

多品牌战略根据不同的品牌定位不同的细分市场，这有利于满足消费者不同的消费需求，有助于占领更多细分市场。一方面，多品牌战略可为企业树立一个具有雄厚实力的形象，让竞争对手不敢轻举妄动；另一方面，拥有多个品牌可占据不同的细分市场及销售渠道，有助于满足消费群体的不同需求，为企业增加严密的防御保护，让竞争对手难以干扰。

无论是品牌衍生战略还是多品牌战略，都是在企业具有一定规模后实施的。如果执行顺利，那么企业的价值将会大幅增长。